Regina Tödter

Religion und Tourismus

Darstellungen von Religionen im *Lonely Planet Singapore*

Regina Tödter

RELIGION UND TOURISMUS

Darstellungen von Religionen im *Lonely Planet Singapore*

ibidem-Verlag
Stuttgart

Bibliografische Information der Deutschen Nationalbibliothek
Die Deutsche Nationalbibliothek verzeichnet diese Publikation in der Deutschen Nationalbibliografie; detaillierte bibliografische Daten sind im Internet über http://dnb.d-nb.de abrufbar.

Bibliographic information published by the Deutsche Nationalbibliothek
Die Deutsche Nationalbibliothek lists this publication in the Deutsche Nationalbibliografie; detailed bibliographic data are available in the Internet at http://dnb.d-nb.de.

Coverbild: © toa555 - Fotolia.com

∞

Gedruckt auf alterungsbeständigem, säurefreien Papier
Printed on acid-free paper

ISBN-13: 978-3-8382-0571-7

Printed in Germany

Inhaltsverzeichnis

1. Vorwort

Kürzlich erzählte mir eine Freundin, frisch aus ihrem zweiwöchigen Indienurlaub zurück, von ihren spannenden Erlebnissen in diesem "spirituellen" Land. Sie habe hinduistische Tempel besucht, religiöse Zeremonien erlebt und zum ersten Mal "echten" Yoga praktiziert. Begeistert und irgendwie verzaubert kehrte sie nach wenigen Wochen zurück in ihren tristen Alltag. Sie stellte sich die aus Indien mitgebrachte Bronzefigur der Gottheit *Shiva* – eine tanzende achtarmige und von Feuer umkreiste Gestalt – in ihren Wohnzimmerschrank, lud mich auf eine Tasse Tee ein und holte ihren mittlerweile zerfledderten *Lonely Planet* hervor. Ab diesem Moment funkelten auch meine Augen.

Meine Freundin liebt ihren *Lonely Planet*. Ohne ihn hätte sie ihre Reise nach Indien gar nicht erst alleine angetreten. Der Reiseführer gab ihr die wichtigsten Informationen zur Vorbereitung, und auch während der Reise war er stets an ihrer Seite. Sie fand in ihm Informationen über kostengünstige Unterkünfte, die wichtigsten Sehenswürdigkeiten, aber auch touristisch weniger erschlossene Pfade. "Das sind echte Geheimtipps", versicherte sie mit großer Überzeugung. Ihr *Lonely Planet* habe bei der kulturellen Orientierung geholfen, denn Indien sei ja schon "ziemlich andersartig". Schnell schloss sie sich einer internationalen *Community* an, die sich als *Lonely Planet Traveller* outete ("Jeder hatte einen solchen Reiseführer in unterschiedlichen Sprachen in der Seitentasche stecken, kaum zu übersehen"). Ich lauschte ihren Geschichten an diesem Abend gespannt und bemerkte die immer wieder auftretenden Beschreibungsmuster, die ich schon in einem anderen Kontext häufig gehört hatte.

Einige Jahre zuvor besuchte ich Singapur als Studentin (selbstverständlich mit einem *Lonely Planet* im Gepäck). Daraufhin verfasste ich eine religionswissenschaftliche Abhandlung über die Darstellung von Religionen in diesem Reiseführer. Ich verwies in meiner Abschlussarbeit auf das Desiderat der Forschung und hoffte, weitere Studien anzuregen. Mittlerweile sind drei Jahre vergangen, doch bislang ist wenig passiert. Jaworski etwa untersuchte den "genormten Blick" auf das Fremde in Reiseführern zu Ostmitteleuropa (Jaworski et al. 2011). Einige wenige Studien widmeten sich (erneut) der Erforschung von Pilgertourismus, Wallfahrten und religiösen Reisen (Steinbauer 2011, Stausberg 2011, Reuter & Graf 2011, Wöhler 2011, Schönemann 2011, Puschmann 2012, Gamper & Reuter 2012 und Ebertz 2012). Erwähnenswert sind die Bestrebungen von ökonomischer Seite: "Spiritualität" und das damit verbundene werteorientierte Reisen wird als "noch nicht ausreichend ausgeschöpfte" Marktchance und wichtiger Wirtschaftsfaktor im Tourismus entdeckt. In ihren Studien gehen Pechlaner et al. beispielsweise auf die Vermarktungsstrategien und Nachfrageentwicklungen des Pilgertourismus ein (Pechlaner et al. 2012a und 2012b).

Immer wieder wurde ich gefragt, warum ich meine Arbeit nie veröffentlicht habe, wo doch das Thema so spannend und aktuell sei. "Religionen machen einen beträchtlichen Teil der öffentlichen Kultur aus", so habe ich selbst damals eingeleitet. Stattdessen verstaubt meine Studie vermutlich in den Regalen meiner Professoren und wird wahrscheinlich bald Platz für neue Werke räumen müssen. Ich hatte mich in der Zwischenzeit anderen Projekten gewidmet und wurde plötzlich – an dem besagten Abend von meiner "Indien-infizierten" Freundin und einer Tasse Gewürztee – wachgerüttelt!

Die vorliegende Studie ist eine abgeänderte, aktualisierte und etwas gekürzte Version meiner im Jahr 2010 verfassten Magisterarbeit im Fachbereich Religionswissenschaft an der Universität Heidelberg. Die detaillierte Analyse jedes einzelnen Textabschnitts der bis zu diesem Zeitpunkt erschienenen acht Auflagen des *Lonely Planet Singapore* habe ich für einen leichteren Lesefluss modifiziert.

Mittlerweile wurde die neunte Auflage im Jahr 2012 von den Autoren Low & McCrohan veröffentlicht. Diese habe ich ebenfalls durchgesehen und relevante Textabschnitte für die Analyse an entsprechender

Stelle berücksichtigt. Allgemein lässt sich jedoch zusammenfassen, dass Bezüge zu Religionen in der neuen Auflage dem Vorreiter aus dem Jahr 2009 sehr ähneln, wenn nicht sogar ganze Textpassagen wortwörtlich übernommen wurden.

In dem Sinne bedanke ich mich bei meinen wissenschaftlichen Gutachtern Frau Prof. Dr. Prohl und Herrn Prof. Dr. Ahn, von denen ich jederzeit inspiriert und unterstützt wurde. Und ohne die Anregungen meines Mannes wären sicherlich einige Passagen meiner Arbeit nicht so tiefgründig ausgefallen. Ferner gilt mein Dank den Singapurern Ed und Anja für die Hilfe und Gastfreundschaft vor Ort.

2. Einleitung

Die zentrale Aussage der Säkularisierungsthese lautet, Religion werde aufgrund ihres Spannungsverhältnisses mit der Moderne immer weiter an Bedeutung verlieren. Die mit dem Modernisierungsprozess aufkommenden Entwicklungen wie Individualisierung, Rationalisierung, Technologisierung, Ausdifferenzierung – in Bezug auf die von Max Weber damals schon angekündigte *Entzauberung der Welt* – trügen in den Industrieländern zu einem allmählichen "Verschwinden" von Religion bei (Weber 2011 [1919], Berger 1980, Bruce 2002, Pollack 2008 und Norris & Inglehart 2011). Die Thesen stützen sich unter anderem auf die Beobachtung rückläufiger Kirchenmitgliederzahlen und eines allgemeinen Bedeutungsverlustes religiöser Werte im Alltagshandeln.

Doch können solche Annahmen tatsächlich etwas über die gegenwärtige Religiosität aussagen? Welchen Stellenwert nimmt Religion heute in unserer Gesellschaft ein? Verliert sie tatsächlich immer stärker an Bedeutung, oder hat sich die Form der Religiosität lediglich gewandelt? Mit der Entzauberung der Welt verwies Max Weber am Anfang des 20. Jahrhunderts auf die Ablösung des Glaubens an "unberechenbare Mächte" durch die moderne Entwicklung.

> "Nicht mehr [...] muß man zu magischen Mitteln greifen, um die Geister zu beherrschen oder zu erbitten. Sondern technische Mittel und Berechnung leisten das." (Weber 2011 [1919]: 17).

Das Fach Religionswissenschaft ist eine verhältnismäßig junge wissenschaftliche Disziplin. Sie ist nicht – so leider oft die falsche Annahme – auf der Suche nach einer allgemeingültigen Wahrheit der Religion(en) oder bewertet religiöse Sinnsysteme. Sie hat es sich zur Aufgabe gemacht, genau dieses Phänomen der angeblichen Säkularisierung zu analysieren und Erklärungen zu liefern, nicht nur anhand von quantitativer Erhebung etwa der aktuellen Kirchenmitgliederzahlen, sondern mit Hilfe einer empirischen, am Menschen orientierten Sozialforschung (Baumann [2]1998, Krech 2008, Stolz 2011 und Miczek 2013).

Die Gegenstimmen zur Säkularisierungsthese gehen eher von einer religiösen "Rückkehr" aus (Luckmann 1991, Riesebrodt 2000, Knoblauch 2009, Bochinger 2009 und Habermas 2012). Religionen machen nach wie vor einen beträchtlichen Teil der öffentlichen Kultur aus. Sie haben sich aber gewandelt. Die Begegnung mit ihnen im Alltag (und auf Reisen, um bereits auf den Schwerpunkt dieser Untersuchung hinzudeuten), etwa über zahlreiche Medien (z.B. Bücher, Internet, Fernsehen), ist nicht zu übersehen.

In dieser Studie wird es jedoch weniger um die Übersicht medialer Präsentation von Religionen gehen, auch weniger um Pilgertourismus oder religiös motiviertes Reisen, sondern um die Produzenten: Informationen über Kulturen und Religionen werden in den Medien hergestellt, transportiert und selektiert, ohne dass sie immer einer sachgemäßen Kritik bezüglich ihres Gehalts unterzogen werden. Wer sind die "Macher" (Gladigow 1994: 9) der Berichterstattung? Welche Intention steckt hinter der Produktion? Geschieht an dieser Stelle eine Art "Wiederverzauberung" der Welt? Der Reiseführer gehört zu der Sorte Medien, die Informationen über (fremde) Religionen beinhaltet.

Die vorliegende Studie widmet sich – erstmals aus religionswissenschaftlicher Perspektive – der Untersuchung der Darstellungen von Religionen im Reiseführer. Dafür wurde der *Lonely Planet* zu *Singapore* ausgewählt.

Ich werde im Laufe der Analyse verdeutlichen, weshalb Reiseführer mit ihrer Wirkungskraft einen bedeutenden, gleichzeitig einen noch völlig unbeachteten Gegenstand der Forschung ausmachen und erhoffe mir damit, einen Beitrag zum gegenwärtigen Säkularisierungsstreit zu leisten. Statt des Verschwindens wird die "Sichtbarkeit" von Religion(en) in Bezug auf Reisen und Tourismus deutlich werden.

Der Inselstaat Singapur dient hierbei als besonderes Beispiel für eine interessante Beziehung zwischen religiöser Pluralität, touristischer Vermarktung und einer als "perfekt" beschriebenen sozialen Harmonie.

Zudem hielt ich mich selbst während meines Auslandssemesters 2009/10 in Singapur auf und konnte mir so durch qualitative Stichproben ein eigenes Bild der religiösen Lage vor Ort machen. Die dort geleisteten Beobachtungen tragen für die folgenden Ausführungen jedoch lediglich den Charakter einer anekdotischen Evidenz.

Bevor wir uns nun auf die Reise begeben, soll vorab geklärt werden, welche methodischen Grundüberlegungen für eine religionswissenschaftliche Untersuchung unabdingbar sind.

2.1. Methodische Vorüberlegungen

Die Religionswissenschaft ist vor allem eine interdisziplinär ausgerichtete Fachrichtung, die nicht die eine Methode besitzt oder von einer bestimmten Fragestellung geleitet ist. Je nach Forschungsgegenstand und das an ihn herangetragene Interesse muss vielmehr die Methodik gewählt werden, die am besten für die entsprechende Forschung geeignet ist. Ein großer Vorteil der Religionswissenschaft sei außerdem, so betonen Kippenberg und Stuckrad, "dass sie gleichsam 'quer' zu etablierten Fächern ihrer Arbeit nachgeht und sich dabei Methoden bedient, die in anderen Disziplinen entwickelt wurden" (Kippenberg & Stuckrad 2003: 8). Eine solche Arbeitsmethode geht aus der Entstehungsgeschichte des Faches hervor (Stausberg 2012: 3). Aus dem Paradigmenwechsel (von Religionsphänomenologie zur kulturwissenschaftlichen Ausrichtung) sind neue Beschäftigungsfelder hervorgegangen, um nicht erneut in "Theologieverdacht" zu geraten (Kippenberg & Stuckrad 2003: 22). Nicht die Suche nach dem "Wesen" der Religion, wie oben bereits angemerkt, sondern die Untersuchung derjenigen Bereiche, in denen Religion(en) "als Kultur gestaltende Kraft und als wichtiger Faktor öffentlicher Debatten erkennbar wird" (Zinser 2010: 17), ist Gegenstand der Religionswissenschaft. Das Augenmerk liegt dabei auf eine für die Wissenschaft zugängliche gesellschaftliche und geschichtliche Produktion, welche in Form von öffentlicher Kommunikation erfolgt. In der jüngst erschienenen Abhandlung über die zentralen Grundfragen des Faches betont Zinser, dass die Religionswissenschaft nichts über das "Göttliche" oder "Transzendente" aussagen kann, sondern als empirisch arbeitendes Fach die Aussagen über die Vorstellungen der Akteure über das "Transzendente" sowohl in Geschichte als auch in Gegenwart zum Gegenstand machen und zudem nach den individuellen und kollektiven Konsequenzen fragen kann.

Für die Untersuchung des Reiseführers *Lonely Planet* in dieser Studie wird daher eine modifizierte Inhaltsanalyse aus der empirisch arbeitenden Kommunikationsforschung herangezogen, die vor allem der Untersuchung massenmedialer Produktionen dient (Brosius et al. [4]2008, Mayring [9]2007, Atteslander [9]2007, Diekmann [14]2005 und Wegener 2005). Unter Inhaltsanalyse ist in dieser Arbeit, angelehnt an die Definition von Atteslander,

> "eine Methode der Datenerhebung zur Aufdeckung sozialer Sachverhalte (verstanden werden), bei der durch die Analyse eines vorgegebenen Inhalts [...] Aussagen über den Zusammenhang seiner Entstehung [...] und/ oder auf die soziale Situation gemacht werden" (Atteslander [11]2006: 189),

zu verstehen. Reiseführer als schriftliche Quelle gehören Mayring zufolge zur "fixierten Kommunikation" (Mayring [9]2007: 29), was für ihre Analyse von großem Vorteil ist. Die Methodik der Inhaltsanalyse trägt unter anderem zur notwendigen Transparenz und Nachvollziehbarkeit der Untersuchung bei, da der Reiseführer beliebig oft untersucht werden kann, ohne dabei von bestimmten Personen zeitlich oder räumlich abhängig zu sein. Mit einer entsprechenden Kontextualisierung des Gegenstandes – dazu zählt etwa die geschichtliche Einbettung, die Betrachtung des sozio-kulturellen Hintergrunds des darin dargestellten Inhalts, Informationen zum Autor und weitere für die Arbeit wichtige Faktoren, die zur Erschließung des Hintergrunds beitragen – soll außerdem Willkür in der Interpretation vermieden werden. Der Text "versteht sich nicht von selbst" (Wegener 2005: 205), und die Kommunikation findet nicht im "luftleeren Raum statt" (Atteslander [11]2006: 182), sondern ist in einem bestimmten sozial-historischen und kulturellen Kontext eingebettet (Atteslander [11]2006: 182, Franke 2009: 26

und Wegener 2005: 204). Die Auswahl des Materials muss aus einer Fülle erfolgen, geklärt und nach entsprechenden Gesichtspunkten gegliedert werden. Gezielte Fragestellungen, die an den Text herangetragen und im Gesamtkontext betrachtet werden, gewährleisten erst dann eine möglichst intersubjektive, nachvollziehbare, empirische und mehrdimensionale Inhaltsanalyse und erzeugen dabei eine Inferenz von Text und Kontext (Wegener 2005: 201, Mayring & Hurst 2005: 211). Dass die Analyse nicht völlig "objektiv" geschehen kann, hängt insbesondere mit dem wissenschaftlichen Erkenntnisinteresse zusammen (Früh [6]2007: 25 und Diekmann [14]2005: 481). Bereits die Auswahl und Gliederung des Materials sowie der Fragen sind von subjektiven Auswahlkriterien und der notwendigen Selektion geprägt. Aufgrund der sonst unüberschaubaren Fülle des Materials und der erdenklichen Fragestellungen an den Text müssen Vorauswahlen getroffen werden. Die methodische Besonderheit, unter anderem die damit erfolgte Strukturierung mit ihren eben genannten Vorteilen, verspricht allerdings die größtmögliche wissenschaftliche Transparenz bei der deskriptiven inhaltlichen Analyse des Gegenstands (Mayring [9]2007: 45).

2.2. Gliederung und Fragestellungen

Ein historischer Überblick über die Entwicklung Singapurs soll den soziokulturellen Rahmen für die weiteren Ausführungen bilden. Dabei wird der Fokus besonders auf die religiöse Landschaft gelenkt, um ein Verständnis für die Vielfalt der Bevölkerung zu schaffen, unter Berücksichtigung der Einteilung dieser in vier "races" durch die singapurische Politik. Daraufhin wird die touristische Ausrichtung der Institution *Singapore Tourism Board* (STB) näher betrachtet. Es soll geprüft werden, wie stark sie zur Verbreitung, Verfestigung und Vermarktung von Religionen als "kultureller Besonderheit" beiträgt. Hierfür soll die wissenschaftliche Überlegung zu "Religion und Tourismus" von Stausberg herangezogen und Verbindungsstränge geprüft und explizit auf den Untersuchungsgegenstand der Studie angewendet werden. Welcher der drei von Stausberg konstruierten Idealtypen lässt sich annähernd für die Analyse eines Reiseführers verwenden? Welche Korrelation von Religion und Tourismus kann herausgearbeitet und für die Untersuchung des Reiseführers *Lonely Planet Singapore* fruchtbar gemacht werden? Zum besseren Verständnis fundiert die Arbeit auf einer allgemeinen theoretischen Grundlage zu Reiseführern, die sich vor allem aus der Tourismuswissenschaft schöpft. Dabei soll der gegenwärtige Forschungsstand skizziert und damit erklärt werden, weshalb sowohl die Tourismusforschung als auch die Religionswissenschaft in der Reiseführer-Analyse noch in den Anfängen stecken. Ein weiterentwickelter Ansatz von Steinecke, mit besonderer Ausrichtung auf die Funktionen und Merkmale eines Reiseführers, soll schließlich die definitorische Unklarheit aufheben. Zentrale Fragestellungen richten sich besonders an den Einfluss und die (Aus-)Wirkungen vorhandener Beschreibungsmuster in Reiseführern. Zur weiteren kontextuellen Erschließung werden der Autor und der Verlag des Reiseführers im Besonderen betrachtet. Welche Bedeutungskraft kann den Aussagen des Autors zugeschrieben werden und wie lässt sich dies anhand seiner Rhetorik im *Lonely Planet* demonstrieren? Wie stellt sich der Verlag *Lonely Planet* als ein Agenda-Setter dar, und welche Strategien verfolgt er über die Jahre seit seiner Gründung? Nach Klärung dieser Fragen kann explizit auf den für diese Arbeit ausgewählten Untersuchungsgegenstand des Reiseführers *Lonely Planet Singapore City Guide* eingegangen werden.

Der Hauptteil ist somit gegliedert in eine deskriptive Analyse zur Darstellung von Religionen der neun einzelnen Auflagen des *Lonely Planet Singapore* (1991-2012) und anschließender Untersuchung zu den verschiedenen Beschreibungsmustern der Religionen, insbesondere am Beispiel der a) chinesischen Religion, b) des Islams und c) des Hinduismus im Stadtführer zu Singapur.

In Hinblick auf die Korrelation der bildlichen Darstellungen und des textlichen Inhalts werden folgende Fragen an den Untersuchungsgegenstand herangetragen: Wie werden die einzelnen Religionen Singapurs in den jeweiligen Auflagen des Reiseführers dargestellt? Wie wird mit der Komponente "Religion" im Reiseführer *Lonely Planet* umgegangen? In welchen Kapiteln und Abschnitten kann der Bezug zu Religionen festgestellt werden? Gibt es gängige Beschreibungs- bzw. Darstellungsmuster? Wenn ja, welche? Und wie haben sie sich im Laufe der Jahre gewandelt?

Im Fazit werden abschließend die Analyseergebnisse der Religionsdarstellungen festgehalten.

3. Singapur

3.1. Geschichte Singapurs

Der seit dem Jahr 1965 unabhängige kleine Stadtstaat Singapur zählt heute etwa 4,8 Millionen Einwohner und entspricht mit seinen 710 km^2 etwa der Größe Hamburgs. Es ist nicht viel über Singapurs frühere Geschichte übermittelt. Die erste Erwähnung als Temasek findet sich in chinesischen Reiseberichten um 1349. Erst mit dem Pachtvertrag von Raffles, einem britischen Handelsvertreter, mit dem malaiischen Sultan von Johor gewinnt Singapur 1819 als Handelszentrum und Umschlagsplatz (zwischen Asien und Europa) große Bedeutung (Bach 1991: 21 und Frost & Balasingamchow 2009: 41).

Zu Zeiten der Ankunft Raffles lebten nur wenige Fischerfamilien auf der damals zu Malaysia gehörenden Insel, weshalb die britische *East Indian Company* (EIC) zur Errichtung eines Handelspostens viele Arbeiter aus den benachbarten Ländern holte (Polaschegg 2005: 104, Kiong 2008: 29 und Baumann 2003: 123). Folgend war eine große Einwanderungswelle zu verzeichnen. Um die Vielfalt der unterschiedlichen Gruppierungen zu überblicken, wurde unter der britischen Besatzung die Einteilung dieser in vier *races* (Leong 2003: 85), orientiert nach Herkunftsland, vollzogen: Chinese, Malay, Indian und Other (kurz CMIO). Besonders Chinesen dominierten und prägen heute noch das alltägliche Stadtbild. Aber auch Inder, Malaien und Europäer trugen zur kulturellen Vielfalt und somit zur Vielfalt religiöser Traditionen in Singapur bei (Liew 2008: 557, Kiong 2008: 28 und Leong 1997: 85). 1931 musste die Immigration in der britischen Kronkolonie sogar eingeschränkt werden, da die Bevölkerungsanzahl bereits eine halbe Millionen überschritt (Bach 1991: 22). Singapur wurde während des darauffolgenden Zweiten Weltkrieges vom japanischen Militär besetzt und 1945 nach Kriegsende wieder an die Briten zurückgegeben.

Bis dato konnten die ethnischen Gruppen ihre kulturelle Identität bewahren. Sie bildeten ihre eigenen Nischen, hatten eigene Schulsysteme und lebten in gesonderten Stadtteilen. Dies änderte sich mit der Regierungspolitik der *People's Action Party* (PAP), welche 1959 an die Macht kam. Lediglich Straßennamen oder die Bezeichnung einzelner Stadtteile, wie *Little India* oder *Chinatown,* zeugen heute noch von den ethnischen Enklaven. Sie sind heute allerdings eher zu touristischen Zwecken bestehen geblieben (Kiong & Yeoh 2000: 133).

Singapur wurde im selben Jahr eine innere Selbstverwaltung zugestanden. Die Insel schloss sich 1963 bis 1965 der malaiischen Föderation an und wurde damit unabhängig von der britischen Kolonialmacht (Frost & Balasingamchow 2009: 409, Singapore Government 2010). Erst mit der Ausrufung der "Republik Singapur" durch den damals amtierenden Ministerpräsidenten Lee Kuan Yew am neunten August 1965 wurde der Inselstaat schließlich zu einem souveränen Staat. Daraufhin folgte ein starkes wirtschaftliches Wachstum, sodass Singapur gegenwärtig zu den stärksten ökonomischen Staaten im südostasiatischen Raum gezählt werden kann. Von einem Entwicklungsstaat zur Industrienation gewachsen ist Singapur heute vor allem eine auf Dienstleistung ausgerichtete Volkswirtschaft (Frost & Balasingamchow 2009: 422, Bach 1991: 23 und Sagemann 2008: 54).

Das Streben nach Wohlstand und nach sozialer Harmonie wurde zur Staatsideologie Singapurs ausgerufen – auch in Reaktion auf die ethnischen Unruhen 1964 zwischen Chinesen und Malaien (Sinha 2005: 27, Tan 2008: 135 und Kluver 2008: 424). Diese Ziele wurden mit der Methode des sogenannten *social engineering* eingeleitet (Tin 2009: 107 und Jordan 2007: 127). Darunter ist die staatliche Kontrolle des politischen Bereichs und der Zivilgesellschaft zu verstehen, welche bis heute erfolgreich das gesellschaftliche und politische System stabilisiert hat (Tödter 2009: 171). Sei es der Eingriff in Familienplanungen oder die Einteilung in ethnisch proportionierte Wohnabteilungen, nichts blieb dem Zufall überlassen (Bach 1991: 23). Singapur wird auch deshalb gerne *the fine city* genannt: Strenge staatliche Zensuren,

Verbot von regierungskritischen Äußerungen oder von "sensiblem Material", die Überwachung der Medien und anderer Lebensbereiche (Chong 2001: 27 und Jordan 2007: 128). Die vorher ethnisch abgegrenzten Zentren wurden von der Regierungspolitik der PAP zerschlagen. Die Bevölkerung wurde auf die dafür staatlich errichteten Hochhaussiedlungen mit der Bezeichnung *Housing and Development Board* (HDB) so aufgeteilt, dass eine entsprechend "ausgewogene Mischung" zwischen den Ethnien entstand. Heute lebt etwa 80% der Gesamtbevölkerung Singapurs in diesen Siedlungen. (Jordan 2007: 139 und Leong 2003: 75). Aus Zensusgründen und sicherlich auch zur bürokratischen Vereinfachung wird auf das Produkt der kolonialen Administration, das heißt auf die vier sogenannten ethnischen Kategorien, die CMIO, zurückgegriffen. Diese ethnisch nun gemischten Hochhaussiedlungen sind in entsprechende Wahlkreise eingeteilt, und die kommunalen Wohneinheiten werden von den dafür errichteten *residence committees* überwacht (Jordan 2007: 52). Sie sorgen für den sozialen Überblick im jeweiligen Wohnbereich. Des Weiteren verfügt jedes Gemeindezentrum in Singapur über eine umfangreiche Infrastruktur (Tan 2009: 105). Dabei wird jedem Gemeindeteil entsprechende Möglichkeit zur Religionsausübung gewährleistet, indem auch hier jede Religion in den entsprechenden Gemeindeteilen vertreten ist. Diese Verteilung sorgt für eine strukturierte Vielfalt religiöser Traditionen in unmittelbarer Nähe zueinander (Chua 2000: 202).

3.2. Singapurs religiöse Landschaft

In den ersten Jahren nach der Staatsgründung Singapurs war der maßgebliche Faktor für die Religionszugehörigkeit die eigene Ethnie. Der Großteil der eingewanderten Chinesen ordnete sich bei ersten Religionszählungen dem Taoismus oder Buddhismus zu. Inder identifizierten sich als Hindus, und die Mehrzahl der Malaien waren Muslime. Singapur stellte 1849 bereits erste Erhebungen an (Census of Population, nach Kiong 2008: 32). Doch die religiöse Landschaft Singapurs habe sich im Laufe der letzten 30 Jahre gewandelt. Demnach spielen besonders sozio-demografische Variablen in Bezug auf die Veränderung der religiösen Landschaft und Religionszugehörigkeit eine bedeutende Rolle: Bildung und somit auch Sprache, Geschlecht, Alter und Einkommen prägten die heutige Religionszugehörigkeit (Kiong 2008: 29, Chin 2008: 189 und Buruma 1992: 211). Am Beispiel des Christentums wird dies deutlich: Das anfangs missionarisch ausgerichtete und hauptsächlich von den Europäern vertretene Christentum fand seine Interessenten über die Jahre vor allem bei der jüngeren, aufstrebenden und englischsprachigen Generation. Doch auch buddhistische Gruppierungen erleben momentan ein *revival*. Zum Aufleben trägt nach Kuah-Pearce vor allem der gegenwärtig in Singapur zu verzeichnende Reform-Buddhismus bei (Kuah-Pearce 2008: 197).

Konfuzianismus werde in Singapur nicht als eine Religion, der man "angehören" könne, gehandhabt. *Confucian Values* – eher als moralisch-ethisches System verstanden – wurden hauptsächlich in den 1980er Jahren von der Regierungspolitik hervorgehoben und verstärkt in Bildungseinrichtungen gefördert (Leong 2003: 108). So wurden die konfuzianischen Werte hervorgehoben, um die Überlegenheit gegenüber dem liberalen Westen zu demonstrieren. Dabei betonte der damalige Premierminister (PM) Lee Kuan Yew die damit einhergehende stärkere Familienausrichtung und die mit ihr zusammenhängende Ausrichtung auf ökonomisches Wachstum: "We were fortunate we had this loyalty and the extended family" (Jensen 1997: 6). Die Hervorhebung der konfuzianischen Werte und seiner Lehren kann nach Deeg auf den Austauschprozess zwischen dem Westen und China seit den ersten missionarischen Tätigkeiten um 1600 zurückgeführt werden. Die den konfuzianischen Lehren vor allem positiv zugeschriebenen Eigenschaften wurden nicht nur im "aufklärerischen" Westen (geprägt von der anfänglichen Sinologie im 19. Jahrhundert und durch ihre Beschäftigung mit von der chinesischen Seite ausgewählten "konfuzianischen Klassikern" und traditioneller Historiografie) aufgenommen, sie wurden rückprojiziert, von Seiten der chinesischen Elite begeistert adaptiert und im Zuge dessen eliminierten sie störende Elemente, die nicht in das Konzept eines Konfuzianismus passten. Das damit konstruierte und schön geschliffene Bild Chinas mit seiner kulturellen "Besonderheit" wurde im Zuge der stetigen (westlichen) Konfrontation erneut zurückgeworfen. In diesem Transformationsprozess behauptete sich vor allem der Konfuzianismus, neben den anderen zwei in China dominierenden ethisch-religiösen Systemen Buddhismus und Taoismus, als die "ursprüngliche", "reine" und von sämtlichen "Aberglauben" befreite Lehre Chinas, welche im weiteren Verlauf oft als Aushängeschild galt und bis heute noch seine Spuren, wie am Beispiel Singapurs sehr deutlich wird, als solches hinterlässt (Deeg 2003: 38). Leong zufolge hinterfragte man allerdings die Standhaftigkeit und universelle Zuschreibung dieser Werte seit spätestens der großen Wirtschaftskrise in Asien in den Jahren 1997/8.

Leo und Clammer argumentieren, dass besonders in Singapur eine spezifische Verehrung des Konfuzius (in Form einer "Gottheit") zu beobachten sei, dem damit eine religiöse Komponente von einigen Akteuren zugesprochen werde. Vor allem Ahnenverehrung nehme eine zentrale Stellung im Alltagsleben der singapurischen Chinesen ein (Leo & Clammer 1983: 175).

Religionszugehörigkeit der Gesamtbevölkerung in Singapur
(in den Jahren 1849/1980/2000/2010)

Jahr	1849	1980	2000	2010
Religion/ Prozent	**100**	**100**	**100**	**100**
Christentum	3,5	10,1	14,6	18
Buddhismus	52,0 (Buddh./Tao./Konf.)	27,0	42,6	33
Taoismus		30,0	8,5	11
Islam	41,6	15,7	14,9	15
Hinduismus	2,8	3,6	4,0	5,1
Andere Religionen	0,08	0,5	0,6	0,9
Keine Religion	-	13,0	14,8	17

Quelle: Census of Population (2011) und Kiong (2008): 37.

Die letzte Erhebung im Jahr 2010 im Rahmen der Volkszählung, genannt *Census of Population*, die alle paar Jahre vom Industrieministerium Singapurs durchgeführt wird, zählt 33 % Buddhisten, 11 % Taoisten, und 18 % der Bevölkerung ordnet sich dem Christentum zu. Darüber hinaus identifizieren sich 15 % mit dem Islam und 5,1 % sehen sich als Hinduisten. Seit 1980 gibt es auch die Möglichkeit, die Kategorie "no religion" anzugeben. Dieser ordneten sich 2010 etwa 17 % der Gesamtbevölkerung zu (Census of Population 2011). Demnach vollzog sich ein Wandel. Während die Zugehörigkeit zum Buddhismus langsam weiter abnimmt, hält sich die Zahl der Muslime mehr oder weniger konstant. Der Zugehörigkeitsgrad zum Hinduismus steigt über die Jahre, wobei etwa 1/5 der Bevölkerung sich mittlerweile keiner bestimmten Religion mehr zuordnen möchte. Das Christentum erfreut sich einer immer größeren Beliebtheit. "Christ sein" heiße nämlich nicht, so Kiong, die vorherigen religiösen Strukturen aufzugeben. Der christliche Glaube ließe sich hervorragend mit anderen Strömungen, wie Hinduismus oder Buddhismus, vereinbaren. Dies deute auf einen hohen Grad an "religious syncretism" hin, welcher sich im Glauben, in der Praxis und sogar im religiösen Sprachgebrauch widerspiegele. Die gelebten Religionen zeugen von einer bemerkenswerten Vermischung – auch in Begegnung mit benachbarten Religionen – mit lokalen religiösen Bräuchen und Praktiken (Kiong 2008: 37).

In gewisser Hinsicht kann man in Singapur von Religionsfreiheit sprechen, solange sich die religiösen Mitglieder von sämtlichen sozialpolitischen Angelegenheiten fernhalten. Der Dachverband *Inter-Religious Organisation* (IRO), 1949 gegründet, wird von den Hauptvertretern der offiziell in Singapur registrierten Religionen vertreten. Sie zählt neben den sogenannten "Hauptreligionen" einige weitere in Singapur vertretenden religiösen Gruppierungen dazu, wie etwa Judentum, Zoroastrismus, Taoismus, Jainismus, Sikhismus und die Bahai. Die IRO behauptet selbst von sich, dass sie für einen interreligiösen Dialog sorge, indem die unterschiedlichen Religionen im Rahmen dieser Organisation zusammenträfen, gemeinsame Veranstaltungen abhielten, zusammen beteten und sich dabei gegenseitigen Respekt erwiesen. Die IRO versuche außerdem die Religionen in der Öffentlichkeit zu präsentieren, indem sie einführende Schriften herausgebe, über religiöse Veranstaltungen informiere und dabei die gegenwärtige "religious harmony [...] and inter-faith peace in Singapore" stets betone. Den Hauptreligionen werden von der Regierung jeweils zwei offizielle Feiertage im Jahr zugesprochen: Die offiziellen Feiertage des Hinduismus sind *Thaipusam* und *Deepavali*. Die Christen feiern Weihnachten und Ostern im offiziellen Rahmen, und im Buddhismus wird das chinesische Neujahrsfest und der *Vesak Day* zelebriert. Die Muslime feiern *Hari Raya Haji* und *Hari Raya Puasa* (Inter-Religious Organisation Singapore 2007: 3).

Andere religiöse Gruppierungen, charismatische Bewegungen, muslimische *dakwah*-Gruppen oder "volkstaoistische Tempelkulte in Privatwohnungen" (Bach 1991: 26), werden jedoch streng beobachtet. Sobald sie sich nicht mehr vollständig kontrollieren lassen, sich auf irgendeine Weise kritisch äußern oder anderweitig gegen die Regierungsform auflehnen, verstoßen sie gegen die Staatsideologie der sozialen Harmonie und Ordnung. Kurzerhand folgen die Auferlegung einer (meist sehr hohen) Geldstrafe und nicht selten das völlige Religionsverbot per Gerichtsbeschluss (Jordan 2007: 41).

Was nach außen hin als perfekte Religionsharmonie (das Nebeneinander verschiedener Religionen auf engem Raum) wirkt, scheint eher das Produkt einer repressiven Politik seit 1959 zu sein. Auf Grundlage des singapurischen Strafgesetzbuches und deren Auslegung lassen sich Personen oder Gruppen bei "unangepasstem Verhalten" nach Belieben der Regierung auf unbegrenzte Zeit inhaftieren (Eng 2008: 690).

3.3. *Singapore Tourism Board* (STB) und die Vermarktung der kulturellen Besonderheit

Die Vielfalt der Religionen wurde in der Tourismusindustrie Singapurs bereits früh als eine wichtige Einnahmequelle entdeckt und entsprechend für die touristische Vermarktung instrumentalisiert. Im Jahr 1964 wurde dafür die staatliche Organisation *Singapore Tourism Promotion Board* (STPB) ins Leben gerufen, welche 1997 in *Singapore Tourism Board* (STB) umbenannt wurde. Sie trägt Sorge dafür, Singapur auf dem internationalen Tourismusmarkt zu vertreten und entsprechend zu vermarkten (Leong 1997: 71). Hierzu zählen zum Beispiel auch die sogenannten "Sympathie-Magazine". Sie tragen zur Verbreitung über die "Andersartigkeit" bei und sind speziell dafür angefertigt, die Sympathie für das eigene Land zu gewinnen und insbesondere das Interesse zu wecken (Gast-Gampe 1993: 596). Da Singapur weder über natürliche Ressourcen verfügt noch über eine Touristen anziehende atemberaubende Landschaft oder Geografie, sich auch nicht auf ein besonderes langjähriges kulturelles Erbe aufgrund seiner doch relativ kurzen Historie stützen kann, wurde das Augenmerk auf einzelne "Marker" (Stausberg 2010: 22) gelegt, wohinter ein progressives Tourismus-Management steckt. "Tourism in Singapore is a big business", stellt Leong heraus, was mit mehreren Faktoren zusammenhänge: a) das Produzieren eines politisch korrekten nationalen Image, welches sich global gut vermarkten lasse, b) damit einhergehende Nostalgie der eigenen Entstehungsgeschichte (Kok ³2008, Somajah & Xinyan ⁵2008 und Frost & Balasingamchow 2009), c) die Hervorhebung der eigenen kulturellen Besonderheit, nämlich die der (Bevölkerungs-)Vielfalt, mit ihren verschiedenen Traditionen, die d) auf nur vier überschaubare Kategorien (*races*), den sogenannten CMIO, reduziert werde und e) ihre politische Überwachung durch ausgeprägte Medienzensur, was insgesamt dazu führe, jenes positiv-konstruierte Image weiterhin zu festigen und ohne Einflüsse oder Kritik von Außen zu propagieren (Leong 1997: 73). Dies führe insgesamt, mit seinen Vor- und

Nachteilen, die Leong ausführlich beschreibt, dazu, dass sich die Tourismusindustrie Singapurs über die letzten Jahrzehnte stark formiert, rasch etabliert und im globalen Kontext profiliert habe. Die Kehrseite wäre beispielsweise die Selektion und Ignoranz anderer Bevölkerungsgruppen, die außerhalb dieser auf die vier Ethnien reduzierten Einteilung angesiedelt werden. Ein Vorteil ist das starke Wachstum, mit den wirtschaftlichen Einnahmen, das unter anderem für Wohlstand des Landes, soziale Ordnung, Sicherheit, Effizienz und Förderung sämtlicher kultureller Bereiche durch finanzielle Mittel sorge. Dies belegt nicht zuletzt die stark wachsende Besucherzahl und die damit erzielten hohen Einnahmen durch den Tourismus. Im Jahr 1979 waren es noch 2,25 Mio. Besucher jährlich, mit einem Erwerb von 2,4 Mio. Singapur-Dollar (S$). Über die Jahre vervielfachte sich die Besucherzahl und somit der Gewinn auf ca. 10 Mio. Im Jahr 2008 wurden etwa 15 Mio. S$ allein durch den Tourismus erwirtschaftet (Annual Report on Tourism Statistics 2008). Darüber hinaus werden die CMIO in unterschiedlichsten Kontexten wiederholt hervorgehoben, durch die STB finanziert und vermarktet: in *Shopping Areas*, *Places of Worship*, Festivals, Kulinarischem, Bekleidung, touristischen Stadtteilen und kultureller Performance. Die Vermarktung der vier Ethnien lasse sich besonders gut am Beispiel der religiösen und damit stark hervorgehobenen Feste (der sogenannten *light-up*) beobachten: Sie heißen beispielsweise *Christmas in the Tropic*, eine spektakuläre Aufbereitung der Shopping-Meile *Orchard Road*, oder das aufwendig gestaltete 14-tägige chinesische Neujahrsfest, mit Straßenumzügen, Leuchtspektakeln und Festivals (Leong 1997: 88). Dies wirkt sich ebenfalls auf die einzelnen Ethnien aus, worauf jedoch in diesem Kontext nicht näher eingegangen werden kann. Leong betont diesbezüglich nur, dass der Bevölkerung die Einteilung in die CMIO als Vermarktungsstrategie bewusst sei, dass sie damit wissentlich zur touristischen Performance beitragen und damit ökonomische Gewinne erzielen. Dies sei schließlich die Hauptausrichtung der Regierungspolitik seit mehreren Jahrzehnten (Leong 1997: 88).

Religion und Tourismus ergeben, wie am Beispiel der touristisch-wirtschaftlichen Ausrichtung der STB gezeigt werden konnte, vielfältige Berührungspunkte. Doch wie lassen sich beide Themengebiete sinnvoll kategorisieren und wissenschaftlich untersuchen? Hierfür soll der Blick auf eine aktuelle Studie geworfen werden, die sich erstmals religionswissenschaftlich mit der Korrelation auseinandersetzt.

4. Religion und Tourismus

4.1. Stausbergsche Typologie

Einen umfassenden Versuch einer theoretischen Überlegung zu "Religion und Tourismus" von Seiten der Religionswissenschaft legte Stausberg (2008, 2010 und 2011) vor: Demnach kann die vielseitige Wechselbeziehung von Tourismus und Religion idealtypisch in a) religiösen/spirituellen Tourismus, b) Religionstourismus und c) Religion im Tourismus kategorisiert werden. Etwas später greift Stausberg die Thematik erneut auf und unterteilt diese noch mal in die Kategorien *Crossroads*, *Destinations* und *Encounters* (Stausberg 2011: 2). Insgesamt erweitert er seine Untersuchung von 2011 unter Berücksichtigung von sogenanntem Schamanen-Tourismus oder Inseln als "Paradies"-Orte. Er hebt die Herausforderung an das Management von lokalen Stätten hervor und erwähnt erstmals die UNESCO als "Global Canon of Tourist Sites" (Stausberg 2011: 97). Doch für die vorliegende Arbeit soll vor allem die im Jahr 2010 vorgeschlagene Dreiteilung herangezogen werden. Terminologisch unterscheidet Stausberg zwischen "religiösem" (bzw. religiös-motiviertem) und "spirituellem" Tourismus. Letzteres bezeichnet eine Reiseform, die nicht an bestimmte religiöse Inhalte bzw. Institutionen (wie etwa dem christlichen Glauben oder Kirche) gebunden ist. Trotz alledem bezieht sich der "spirituelle Reisende" auf von ihm angenommene transzendente oder andere religiös-verwandte Sinnmuster während seiner Reise und gehört deshalb ebenfalls zur ersten Kategorie (Stausberg 2010: 21).

In diesem Kapitel soll deshalb kurz skizziert werden, was unter den drei Formen zu verstehen ist, wie sie sich voneinander abgrenzen lassen und wo sich schließlich der Reiseführer in diesem Kontext als Untersuchungsgegenstand einordnen lässt.

In Hinblick auf die stets veränderte Reiseform in der Tourismusgeschichte hat man es mit einem ständigen Wandel zu tun, der sich im

Zuge der Erweiterung des Angebots auf dem Tourismusmarkt sowohl räumlich als auch funktionell vielfach spezialisiert und an die Bedürfnisse der Reisenden angepasst hat. Dazu zählt unter anderem die Entwicklung und Verbesserung von touristischen Transportmitteln, Infrastrukturen, Kommunikationsformen, Reisesicherheit, technischer Ausstattung, die strikte Abgrenzung der Freizeit und Arbeit, der geregelte Urlaub und die finanziellen Möglichkeiten vor allem auch für die breitere, weniger einkommensstarke Bevölkerungsschicht. Auch die Entstehung eines Bedürfnisses nach Reisen, Urlaub und Erholung ist nach Hachtmann und Klopp parallelläufig zur Entfaltung und Bedeutung des (massenhaften) Tourismus. Wystub betont vor allem den Erholungs- und Vergnügungsfaktor des "Modernen Tourismus". In Anlehnung an die Theorie über das "Fluchtmotiv" aus der Tourismusforschung zählt sie auch das heute stärkere Bildungsinteresse, die "genussbetonte" Freizeitbeschäftigung und "sich (dabei, R.T.) selbst etwas Gutes zu tun" zum (Reise-)Zweck hinzu (Hachtmann 2007: 23, Klopp 1993: 44 und Wystub 2009: 45). Auch Reiseführer haben auf den Differenzierungsprozess mit speziell entwickelten Produkten reagiert, wie im Verlauf dieser Studie noch gezeigt werden wird (Hachtmann 2007: 180 und Lauterbach 1989: 206). Religiöse Komponenten wurden über die Jahre längst schon im Bereich des Tourismus – wie am Beispiel Singapurs (und den vier *races*) bereits deutlich hervorgehoben wurde – in die Vermarktungsstrategie aufgenommen, und sie sind mittlerweile zu einem festen Bestandteil des komplexen Gebildes geworden. Religionen als touristische Bezugsgröße sind also nicht erst in der unmittelbaren Gegenwart zum Tourismus hinzugekommen, erste Verbindungslinien oder so etwas wie eine Vorform von "religiösem Reisen" lassen sich nach Stausberg an frühen Pilgerfahrten ausmachen, wie sie aus dem europäischen Mittelalter bekannt sind: Während dieser Epoche wurden zahlreiche Wallfahrten und Pilgerreisen unternommen, sie wurden manchmal von religiösen Institutionen angeordnet und gehören für viele Menschen bis heute zum festen Bestandteil des Lebens dazu. Dazu zählen kalendarisch festgelegte, meist in Gruppen organisierte Wallfahrten oder aber auch individuelle oder in kleinen Gruppen zu beliebigen Zeiten entlang von Pilgerwegen oder zu bestimmten Heiligtümern durchgeführte Pilgerreisen. Auch andere religiös-motivierte Formen können darunter zusammengefasst werden, etwa religiöse Aus- und Weiterbildungen, Besuch religiöser Autoritäten, Besinnungs- und Meditationsreisen, Reisen in Verbindung mit Buße, Heilung, Mission, die (gezielte) Teilnahme an bestimmten religiösen Festen und Ritualen oder an sonstigen religiösen Veranstaltungen und der sogenannte "spirituelle Tourismus". Sie sind verbunden mit der Erwartung eines religiös/spirituellen Gewinns und dauern meist weniger als ein Jahr an. In der Regel führen sie an einen Ort außerhalb des gewöhnlichen Umfelds (wobei lokale Wallfahrtsheiligtümer einen Grenzfall darstellen), und die massentouristische Infrastruktur wird ebenfalls zu religiösen Zwecken (z. B. Transportmittel oder Hotels) von den Reisenden genutzt (Stausberg 2010: 14, Leong 1997: 85 und Hachtmann 2007: 39). In diesem Zusammenhang entstanden vermutlich die ersten "religiösen" Reiseführer bzw. Pilgerführer – mit hilfreichen Wegbeschreibungen, Hinweisen zu Wasserstellen, Gasthöfen oder Straßenbauern. Der heutige moderne Reiseführer ist vermutlich auf Karl Baedeker (1801-1859) zurückzuführen, welcher unter anderem die Sternchenkategorie einführte, Sehenswürdigkeiten markierte und diese entsprechend beschrieb (Lauterbach 1989: 206). Da sich dieses Erklärungsmuster Stausbergs auf die europäische Tourismusgeschichte bezieht und primär nach der (Reise-)Motivation fragt, kann die erste Überlegung, kategorisiert als "religiöser" bzw. "religionsmotivierter" Tourismus, als theoretische Grundlage nicht primär für das Verständnis der Wechselbeziehung von "Religion und Tourismus" in Singapur am Beispiel des Reiseführers *Lonely Planet* dienen. Das soll aber nicht bedeuten, dass es in (und nach) Singapur keinen "Pilgertourismus" gibt. Stausberg verweist damit lediglich auf die Schwerpunktsetzung in der bisweilen wissenschaftlichen Erforschung von Religion und Tourismus: Diese lag bisweilen hauptsächlich auf der Untersuchung von Pilger- und Wallfahrten als "religiöses" Reisen (Badone & Roseman 2004, Timothy & Olsen 2006 und Swatow 2006).

Mehrmals betont er, dass sich die drei Formen in der Empirie (als Realtypen) nicht gänzlich voneinander abgrenzen ließen, auch Überschneidungen seien möglich. Des Weiteren fragt der sogenannte "Religionstourismus" weniger nach dem "warum" (reist man), sondern vielmehr nach dem "wohin" (Stausberg 2010: 22). Die Form ist bestimmt durch das Reiseziel. Auch dies ist für das Erkenntnisinteresse dieser Arbeit nicht relevant. Vielmehr steht die Herausarbeitung der gängigen, immer wieder aufgegriffenen Beschreibungsmuster der Religionen im Vordergrund der Untersuchung.

Die dritte stausbergsche Kategorie scheint hier schließlich einen interessanten Anhaltspunkt zu bieten: Unter "Religion im Tourismus" werden mehrere Aspekte, wie die (unabsichtliche oder aber intendierte) Begegnung mit Religionen auf der Reise in Form von religiösen Bauten, Heiligtümern und Gruppen, die eher wie Attraktionen oder "Marker" auf den Reisenden wirken und somit das Interesse auf sich ziehen, zusammengefasst. Der Kontakt mit der Religion muss daher nicht notwendigerweise religiös motiviert sein. Auch religiöse, meist öffentlich gefeierte Feste und Zeremonien können in die Reisezeit fallen, die eher als "Teilmenge öffentlicher und materieller Kultur" vom Reisenden wahrgenommen werden (Stausberg 2010: 22 und Steinecke 2007: 109). Die Analyse über die Wechselbeziehung von Kultur und Tourismus (bezeichnet als Stadt- bzw. Kulturtourismus) legt Steinecke vor, die sich allerdings aufgrund ihrer ausführlichen Beschäftigung mit Marktstrukturen stark an den praxisorientierten Reiseleiter bzw. Tourismusveranstalter richtet. Steinecke verweist darauf, dass Kirchen, Klöster, Moscheen, Tempel, religiöse Schauplätze, Gruppen, Feste und Veranstaltungen zu den bedeutenden touristischen Potenzialen zählen, die genauso den "Nicht-Gläubigen" als Orte der Ruhe, kunsthistorisches Erbe, sehenswerte Architektur etc. dienen und auf ihn anziehend wirken können. In Hinblick auf das bereits oben vorgestellte Tourismusmanagement des STB – Tourismus als *big business* –

lassen sich deutliche Zusammenhänge dieser dritten Kategorie und der touristischen Gestaltung in Singapur feststellen.

Außerdem darf nicht außer Acht gelassen werden, dass Reisende selbst womöglich religiös (vor-)geprägt sind und ihren "eigenen religiösen Hintergrund" mit auf die Reise nehmen. Unter anderem kann dies die Wahl des Reiseziels (mit-)beeinflussen oder das religiöse Bedürfnis plötzlich vor Ort anregen (Stausberg 2010: 22).

Akteure religiöser Organisationen (in Singapur unter dem Dachverband IRO organisiert) und auch die Tourismusbranche selbst haben das wachsende Interesse vieler Reisender, das im Zuge des progressiven Tourismusmanagement aufgekommen ist, wahrgenommen und darauf, etwa zur positiven Selbstdarstellung des Landes, der eigenen Religion (das wird besonders bei der Darstellung des Hinduismus als religiöse Minderheit deutlich) oder – wie bereits oben angedeutet – Vermarktung der "religiösen Attraktion" als touristische Komponente, reagiert (Stausberg 2010: 60, Sinha 2008: 169 und Rinschede 1999: 175). Somit werden religiöse Stätten, Feste und andere mit Religion in Verbindung gebrachte und gut zu vermarktende Elemente von Seiten der Tourismusindustrie finanziell gefördert und nach Rinschede im unternehmerischen Sinne gehandhabt.

Damit zusammenhängend entstehen vielerorts religiöse oder mythisierende Themenparks (dazu später mehr am Beispiel vom *Haw Par Villa* in Singapur), Museen greifen für ihre Ausstellungen auf religiöse Thematiken zurück, religiöse Gruppen und Stätten bereiten Souvenirs zum Verkauf vor und Fremdenführer machen die Reisenden nach Stausberg mit der jeweiligen Kultur und ihrer Religion vor Ort vertraut. Rinschede verweist auf einen "blühenden Souvenirmarkt und -handel" in Singapur: Zu besonderen Anlässen trifft man auf mobile Souvenirverkäufer, die in unmittelbarer Nähe von religiösen Stätten oder Festen anzutreffen sind.

Religion und Tourismus – Typologie nach Stausberg (2010)

Religiöser/ spiritueller Tourismus	Religionstourismus	Religion im Tourismus
Merkmale: - primär aus religiöser/spiritueller Motivation und mit religiösem Gehalt der Reise *Beispiele:* - Pilgerreise bzw. Wallfahrt ist der Prototyp religiösen Reisens (sie gibt es schon seit vielen Jahrtausenden) - Religiöse Aus- und Weiterbildungen - Besuch religiöser Autoritäten - Besinnung und Meditation - Buße - Heilung - Mission - Karitas - Teilnahme an religiösen Festen und Ritualen - Teilnahme an sonstigen religiösen Veranstaltungen (z. B. Kirchentag oder Weltjugendtag)	*Merkmale:* - Wahl eines religiösen/spirituellen Reiseziels *Beispiele:* Touren zu religiösen Reisezielen, etwa - Klöster - Tempel - Moscheen - Stupas - Gedenkstätten - *Power Places* ("Kraftorte")	*Merkmale:* - der eigene religiöse Hintergrund "reist mit" - Religion wird als Teilaspekt der öffentlichen und materiellen Kultur wahrgenommen (etwa als "Marker" oder Attraktion) - der zufällig oder aber intendierte Kontakt ist nicht primär religiös motiviert *Beispiele:* - Feste, Zeremonien, Ereignisse - Orte - Gebäude - Gruppen - Themenparks - Museen - Reiseleiter/Reiseführer - Souvenirs

Quelle: Eigene Darstellung nach Stausberg (2010), S. 13-27.

4.2. Zur Sichtbarkeit der Religion im Kontext des Tourismus

Stausberg lehnt die von MacCannell und Graburn aufgestellte und an der Säkularisierungsthese angelehnte Vermutung ab, Religion werde womöglich vom Tourismus abgelöst, da dies in seinen Untersuchungen zu Religion(en) und modernem Tourismus nicht bestätigt werde. Dass "Religion in der modernen Gesellschaft auf dem Rückzug sei und durch andere Strukturen (hier Tourismus, R.T.) ersetzt werde", erscheint ihm als Argument problematisch, weil die theoretische Annahme die ("primitive bzw. traditionelle") Religion auf "*eine* seiner Erscheinungsformen" (Hervorhebung im Original, R.T.) reduziere. Auch Cohen unterstreicht in seiner Untersuchung die "Säkularisierung (der Religion,

R.T.) durch Tourismus" (Stausberg 2010: 24, MacCannell 1976: 45, Graburn 2001: 42 und Cohen 2004: 156). Im Gegenteil, so Stausberg, Tourismus trage vielmehr zur "Herausbildung der Sichtbarkeit von Religion als globales Phänomen" bei (Stausberg 2010: 177). Religiöse Minderheiten können dadurch beispielsweise öffentlich wahrgenommen werden (Hanneder 2006: 236). Am Beispiel hinduistischer Gruppierungen in Singapur, welche als Religion eine Minderheit bilden, soll später genau dieser Aspekt aufgegriffen und in Rückbindung an den Hinduismus-Begriff und das damit in Verbindung zu bringende "Hindu-Bewusstsein" demonstriert werden. Durch den Tourismus komme es zu einem weltweiten (interreligiösen) Kontakt, welcher eine Herausforderung in mehreren Dimensionen an die jeweiligen Kulturen stelle. Dadurch könnten beispielsweise "Sinnstrukturen" der jeweiligen Religion hinterfragt, verformt, beeinflusst oder weiterentwickelt werden (Stausberg 2010: 178). Dies wird vor allem deutlich bei der Herausarbeitung orientalisierender und exotisierender Beschreibungsmuster der chinesischen Religion, des Islams und Hinduismus im *Lonely Planet Singapore*, welche im Zuge des globalen Austausches signifikante Transformationsprozesse erkennen lassen.

Im Tourismus können solche gängigen Deutungs- und Zuschreibungsmuster nach Stausberg beispielsweise durch touristische Medien gegenüber Gruppen bestätigt, gebildet, aber auch entkräftet werden. Um diesen zuletzt genannten Aspekt soll es in dieser Studie gehen: Schließlich geschieht die Begegnung mit religiösen Gruppen während eines Festes oder in einem sakralen Gebäude nicht ohne Interpretationsrahmen. Bestimmte Erwartungen, verbunden mit (Vor-)Kenntnissen und individuellen Vorstellungen (sozialisiert von unterschiedlichsten Medien) beeinflussen das Aufeinandertreffen. Reiseführer spielen bei der Produktion oder Verstärkung bestimmter Zuschreibungsmuster, aber auch als Vermittler der fremden Kultur eine wichtige Rolle und sollen im Folgenden näher betrachtet werden.

5. Reiseführer

Reiseführer wurden für diese Studie als Untersuchungsgegenstand herangezogen, weil sie bei den eben genannten Funktionen (Produktion, Verstärkung oder Vermittlung) ebenfalls auf Religionen zurückgreifen. Sie stellen eine besondere Quellengattung für die Religionswissenschaft dar, denn in ihnen werden Religionen für die touristisch interessierten Leser präsentiert, aufgearbeitet bzw. vermarktet. Dennoch sind sie in religionswissenschaftlichen Untersuchungen bislang weitgehend unerforscht geblieben.

Der an einem touristischen Ziel, an einem bestimmten Land oder einer Stadt Interessierte zieht jedoch, idealtypisch angenommen, Reiseführer neben anderen Medien, die das Land darstellen (etwa Internet, Fernsehen, Zeitschriften und weitere Printmedien, heute auch APPs) hinzu, um sich ein erstes Bild von seinem Reiseziel zu verschaffen. Dabei können diese mit der "authoritative voice" (Kraft 2007: 230) des Autors das Bild von der "Fremde" beeinflussen. Der Reiseführer soll einerseits knapp, handlich und praktisch sein, gleichzeitig reduziert, verzerrt und verformt er durch die notwendige Begrenzung oft das Verständnis von der Kultur des repräsentierten Landes. In der bisherigen Forschungsliteratur wurde diese Problematik aufgegriffen und vor allem diskutiert, wie sich ein Reiseführer von anderer Literatur abgrenzen ließe. Daraus resultiert der Ansatz, Reiseführer nach seinen Funktionen zu analysieren. Die folgende kurze Skizzierung des Forschungsstandes soll die Problemstellung weiter umreißen.

5.1. Gegenwärtiger Forschungsstand

Während man in der Tourismusforschung darüber im Unklaren ist, wie sich der Reiseführer aufgrund des vielfältigen Angebots auf dem Reiseführermarkt präzise definieren lässt, lassen sich einige Anhaltspunkte festmachen, an welchen der Gegenstand Reiseführer von anderen literarischen Reisemedien unterschieden werden kann. In der touristisch-wissenschaftlichen Untersuchung wird beispielsweise diskutiert, auf welche Weise sich etwa ein Reiseführer von Reisehandbüchern, -berichten, -sachbüchern, -reportagen, -erzählungen, Hotelführern, Atlanten, Erlebnisberichten usw. abgrenzen lässt. Außerdem stellt die mittlerweile unüberschaubare Fülle an Reiseführern auf dem Tourismusmarkt, die jeweils unterschiedlich thematisch orientiert (z. B. klassisch oder alternativ) erscheinen, eine Abgrenzungs- und Definitionsschwierigkeit dar (Steinecke 2007: 207 und Siebenacher 2005: 25).

Steinecke erstellt eine Typologie, angelehnt an Cohens "4-Felder-Matrix" ("Principal Components of the Tourist Guide's Role" (Cohen 1985: 10)), hinsichtlich der Funktionen und Merkmale eines Reiseführers. Erkennt man die Relevanz und Wichtigkeit des Mediums Reiseführer für ihre (Darstellungs-)Wirkung, erstaunt es umso mehr, dass es nur wenige Untersuchungsansätze in der Reiseführerforschung gegeben hat und noch weniger sind Annäherungen von Seiten der Religionswissenschaft erfolgt. Dabei sind Religionen als "Ressource für Tourismus" (Stausberg 2008: 205) sehr bedeutsam, wie bereits in den vorherigen Kapiteln dieser Arbeit deutlich geworden ist und im Laufe der Analyse am Beispiel des *Lonely Planet* noch gezeigt werden wird.

In der bisherigen Untersuchung von Reiseliteratur liegt der bisherige Schwerpunkt auf der Betrachtung der Darstellung ausgewählter Zielgebiete. Dabei richtet sich das Interesse vor allem auf touristische Einflüsse auf das bereiste Land und seine Bewohner. Wystub (2009) untersucht die Darstellung Namibias und die der "Schwarzen Bevölkerung" in aktueller Reiseliteratur. Spreitzhofer (2008) analysiert in Bezug auf Khao San (Thailand) die Korrelation von *Lonely Planet* und Rucksacktourismus. Ferner prüft Kraft (2007) die Verbindung von Religion und Spiritualität im *Lonely Planet India*, Winkelmann (2005) erforscht die Repräsentation Skandinaviens in zeitgenössischen Reisebroschüren, und Siebenacher (2004) erarbeitet den Wandel der Darstellung Mexikos in dem Reisemagazin MERIAN. Des Weiteren analysiert Pagenstecher (2003) die touristische Entwicklung in Deutschland. Dabei überträgt er den Ansatz der *Visual History* auf deutsche Städte in Reiseführern. Trawlou (2002) betrachtet Athen und seine historische Aufarbeitung in Reiseführern, Siegenthaler (2002) stellt die Darstellung der Städte Hiroshima und Nagasaki in Japan-Reiseführern vor, Jacobs (2001) beleuchtet diejenige der *Spiritual Churches* als "Sehenswürdigkeit" in New Orleans, und McGregor (2000) richtet den Blick bei seiner Analyse auf Tana Toraja (Indonesien). Der Reiseführer *Lonely Planet India* wird ebenfalls von Bhattacharyya (1997) analysiert, und Lews (1991) skizziert in seiner Arbeit die Repräsentation von historischen Plätzen in Reiseführern zu Singapur.

Die Studien haben gemeinsam, dass sie zwar die problematischen, reduktiven und verzerrten Beschreibungsmuster herausarbeiten und dabei auf die Auswirkungskraft auf das bereiste Land und deren Bewohner aufmerksam machen – doch wird diesbezüglich kaum bzw. gar nicht auf die Darstellung von Religion(en) eingegangen, ausgenommen die soeben aufgeführte Abhandlung von Kraft (2007).

Kraft baut ihre Untersuchung auf der Kritik an Bhattacharyya auf, die denselben Reiseführer einige Jahre zuvor untersuchte. Sie stellt heraus, dass Bhattacharyya in ihrer allgemeinen Betrachtung Indiens im Reiseführer *Lonely Planet* (LP) die Darstellung von Religion völlig ignoriere. Dagegen betont Kraft, dass gerade Religion in Bezug auf Indien als ständig aufgegriffene Kategorie gebraucht, fortwährend verwendet werde und somit das Bild Indiens mitpräge. Sie stellt die Darstellung Indiens einer LP-Reihe zu Kalifornien gegenüber, um den stärkeren Religionsbezug im *LP India* zu betonen. Im *LP California* werde nach Kraft neben dem (Haupt-)Augenmerk auf "Sommershirts und Palmen" nur eine (christliche) Kirche in Bezug auf historische Sehenswürdigkeiten erwähnt (Kraft 2007: 230).

Kraft hebt die Wichtigkeit der Analyse von Religion in Reiseführern hervor, da "Religion" einen wichtigen Bezugspunkt im Tourismus darstelle: Wiederholend wird auf religiöse Bauten, Feste und Orte verwiesen und dabei auf ihre Besonderheit eingegangen. Kapitel zu Religionen im Allgemeinen werden angeführt, erläutert und interpretiert. In gewisser Hinsicht habe dies auch einen pädagogischen Charakter, so Kraft, denn Reiseführer erklärten dem unwissenden Leser gewisse Verhaltensregeln und erwarteten Offenheit, Respekt, Aufgeschlossenheit und religiöse Toleranz. Kraft bemerkt, dass "the idea that travelling is conducive to religious wisdom is as old as Gilgamesh [...]. In guidebooks like *LP India* this educational or mind-opening dimension is stressed" (Kraft 2007: 231). Gleichzeitig beeinflussen Reiseführer das Bild des Reisenden. Kraft verweist dazu auf die auffälligen Beschreibungsmuster für Indien als besonders "spirituell", was das Land so interessant und anziehend mache. Auch die Betonung der "uralten" ("deeply grounded") Tradition Indiens vermittele die Vorstellung einer langen, tiefen und reichen Geschichte, was gewisse Beachtung beim Leser bewirke und Authentizität verspräche (Kraft 2007: 240). MacCannell zufolge wünsche sich jeder Tourist, einen ("naiven") Einblick in das bereiste Land zu erhalten. Dabei suche er nach Authentizität bzw. nach authentischen Erfahrungen. Saretski kritisiert jedoch genau diesen Punkt an MacCannells Ausführungen. Er reduziere die Reisemotivation des Touristen auf die einseitige Suche nach Authentizität. Dabei berücksichtige er nicht die unterschiedlichen Reiseerwartungen jedes Einzelnen. Saretski lenkt den Blick auf den Reiseführer selbst, der aktiv die Art des touristischen Blickes – in Anlehnung an die Theorie Urrys (1990) – auf das Reiseland (mit-)bestimme. Sie geht noch weiter und stellt heraus, dass damit eine "Disneyfizierung" des touristischen Raumes einhergehe. Diese Suche führt MacCannell auf die Situation der modernen Gesellschaft zurück (die Suche nach "Primitivem", "Natürlichem", "Unverfälschtem"), die sich aus dem Gefühl der Entfremdung zur "Göttlichen Natur" (MacCannell 1976 und Saretski 2005: 128) im Zuge der "Entzauberung der Welt" nach Weber entwickelt habe (Weber 2011 [1919]: 17). Die Reise werde als authentisch empfunden, solange Unterschiede bzw. Differenzen wahrgenommen werden. Pichler betont ähnlich wie Saretski, dass nicht alle Reisenden auf der Suche nach einer allgemeingültigen Authentizität seien, sondern nach dem, was sie jeweils ihrer Vorstellung und Erwartung nach als authentisch erachteten. Pichler prägt hierfür die Bezeichnung "Die Geografie des Imaginären" – als eine Art Raumbild, da die Fantasien und Bilder von der Welt in "unseren Köpfen" existieren, die das Handeln und Verhalten beeinflussen (Pichler 2006: 191). Ähnlich argumentiert Hennig in seiner populärwissenschaftlichen Darstellung über die "Reiselust": Reisende suchten nicht nach "realer" Erkenntnis, sondern nach der Umsetzung ihrer Fantasien und Wunschvorstellungen. Nicht "Völkerverständigung", eher die "Traumfabrik" des Tourismus sei die "traurige Realität" (Henning 1999: 95). Davon profitierten gegenwärtig besonders die östlichen Religionen, so Kraft, denn sie lenkten das Interesse aufgrund ihrer Andersartigkeit, Fremde und Exotik auf sich (Kraft 2007: 235). Dabei werde Exotik als ein beliebtes Werbemittel genutzt, argumentiert Wystub, "da sich der in der Phase der Globalisierung eintretende Kapitalismus transformiert hat und damit auch der Umgang mit Differenz" (Wystub 2009: 55). In Bezug auf die eben genannte Suche nach Authentizität lässt sich weiter mit der Argumentation Wolters ausführen, dass "(d)ie Wertschätzung von Differenz und kultureller Vermischung [...] längst zu einer wichtigen Vermarktungsstrategie auf dem regional und gesellschaftlich hochgradig diversifizierten Weltmarkt geworden (ist, R.T.), auf dem ständig neue Produkte für spezifische neue Bedürfnisse kreiert werden müssen" (Wolter 2000: 109).

Wenn das Produkt Reiseführer nach Gorsemann eine Kombination aus Gebrauchsanweisung und Bildungsgut darstellen soll, ist dieses aufgrund seines gleichzeitig einseitigen Blickwinkels durch bestimmte, vorgegebene Beschreibungs- und Wahrnehmungsmuster einer Reduzierung unterworfen (Gorsemann 1995: 84). Ähnliche Argumentationsstrukturen und Einordungsversuche des Reiseführers in seine Aufgabengebiete lassen sich in der bereits oben erwähnten Reiseführer-Forschung finden.

Insbesondere Steinecke liefert eine umfangreiche Typologie im Hinblick auf die Merkmale und Funktionen des Reiseführers, welche für die hier folgende weitere Untersuchung des *Lonely Planet Singapore* hilfreich erscheint.

5.2. Funktionen des Reiseführers

Der Reiseführer, so Steinecke, kann mehrere Funktionen erfüllen. Er unterteilt diese in die Kategorien "Interpret", "Wegweiser", "Organisator" und "Animateur" und zergliedert sie in drei zeitliche Gebrauchs-Phasen: (1) Vor der Reise (in Bezug auf Reiseplanung und Reiseentscheidung), (2) während der Reise (als "Begleiter", "Interpret", "Wegweiser" und "Organisator") und (3) nach der Reise (beispielsweise für die Erinnerung oder Nachbereitung, etwa für Dia-Abende).

Diese Funktionen ließen sich in fast allen Reiseführern finden, jedoch mit unterschiedlicher Schwerpunktsetzung, Ausprägung und Umfang. Auch die Orientierung an den jeweiligen Zielgruppen spiele für seine Gliederung eine wichtige Rolle.

Deshalb ist der Schwerpunkt seiner wissenschaftlichen Untersuchung von Reiseführern die Entwicklung und Ausarbeitung einer typologischen Einteilung. Diese baue auf den zwei zentralen Grundannahmen auf, nämlich die der "Orientierung in der Fremde" und "Vermittlung von Wissen" (über Land und Leute), welche Steineckes Meinung nach einen "Reiseführer" von anderen touristischen Medien definitorisch unterscheide (Steinecke 2007: 311).

Funktionen eines Reiseführers nach Steinecke (2007)

Funktion des Reiseführers	**Außenbezug (bezogen auf die touristische Umwelt)**	**Innenbezug (bezogen auf den Touristen)**
Auf der Orientierungsebene	**Wegweiser** *Funktion:* Orientierung in der Destination *Inhalte:* Routenbeschreibungen, Verkehrswege, Tankstellen, Straßen- und Routenzustand, Routen von Trekking-, Wander- und Radwegen etc. *Beispiele:* Tourenführer, Wander-, Radwander-, Bergwander-, Skiwanderführer etc.	**Animateur** *Funktion:* Verwirklichung eigener Freizeitinteressen *Inhalte:* Informationen zu Freizeit-, Sport- und Einkaufsmöglichkeiten und Szene-Treffpunkten, Adressen von Interessen- und Aktionsgruppen *Beispiele:* Erlebnis-, Szene-, Sport- und Badeführer, Einkaufs- und Gourmetführer etc.
Auf der Vermittlungsebene	**Organisator** *Funktion:* Planung und Organisation von Reise, Unterkunft und Verpflegung im Zielland *Inhalte:* Adressen von Unterkünften und Restaurants, Ein- und Ausreisebestimmungen, Verkehrsverbindungen, Adressen von Reise- und Flugbüros etc. *Beispiele:* Hotel-, Restaurantführer, Reiseführer für Pkw-Touristen, Behinderte, *Traveller* etc.	**Interpret** *Funktion:* Wissensvermittlung über die Kultur und Gesellschaft im Zielland *Inhalte:* Hintergrundinformationen zu kulturellen und regionalen Besonderheiten des Landes, Erläuterungen zu Sehenswürdigkeiten *Beispiele:* Land- und Leute-Führer, Kunst-, Natur- und Themenführer

Quelle: Steinecke (2007), S. 311.

Steineckes Konzept wird von anderen Tourismusforschern wie Rotpart aufgegriffen und auf einen eigenen Forschungsrahmen angewendet. Rotpart untersucht das Phänomen des sogenannten Alternativtourismus in Bezug auf die vier Funktionen, auf ökonomische Aspekte und auf die von Steinecke herausgearbeiteten Qualitätskriterien. Dabei beobachtet er eine starke (Aus-)Wirkung, welche er als die "Macht" (Rotpart 1995: 180) des Reiseführers auf den Reisenden und die Bereisten umschreibt:

> "Die Frage von Macht und Einfluß im Zusammenhang mit Reiseführern wird offensichtlich, wenn man die [...] konzipierten Geltungsbereiche und Einflußsphären von Reiseführern vergegenwärtigt."

Nach Rotpart konzipieren sie Bilder der "Fremde", entwerfen idealtypische Verhaltensstrukturen des Reisenden und Modelle des Verhältnisses von "Reisender – Fremde". Außerdem steuern sie Tourismusströme, wenn sie das "Sehenswerte" auswählen, sie produzieren und verstärken "Urteile über die Fremde" und stehen repräsentativ für das gesellschaftliche Bewusstsein von Fremde allgemein und dem behandelten Land im Besonderen. Rotpart akzentuiert auch die Verwendung und somit die "Macht" der Sprache und der Bilder, da sie neben dem Inhalt der Texte auch ihre eigenen Bedeutungen transportieren. Dass die sogenannte Macht auf das Reiseland überschlagen kann, das heißt, dass gängige Beschreibungsmuster eines Landes, von den Bewohnern selbst aufgenommen und rückprojiziert werden können, stellt Lauterbach bei seiner "Bayern"-Darstellungsanalyse fest (Lauterbach 1989: 207). Dabei werden die dem deutschen Bundesland zugeschriebenen Muster für die Eigendarstellung übernommen und als das Eigene und Besondere präsentiert. Ähnlich ließe sich die so von Prohl bezeichnete "Rache des Orientalismus", in Anlehnung an die von Said entfachte Orientalismus-Debatte (auf die im Laufe der Arbeit noch eingegangen wird), in zahlreichen Ländern, so schließlich auch in Singapur, anwenden. Den Ausdruck "Rache des Orientalismus" prägt Prohl in ihrer Abhandlung über Selbstbehauptungsdiskurse von sogenannten "spirituellen Intellektuellen" im gegenwärtigen Japan. Anstatt sich gegen die fragwürdigen, orientalistischen Beschreibungsmuster zu wehren, werden diese von japanischen Gelehrten übernommen und neu bewertet. Damit werden kulturelle Stereotype nicht überwunden, sondern sie verstärken den Überlegenheitsdiskurs und dienen nicht zuletzt als

"Waffe" in der ideologischen Auseinandersetzung gegen den "Westen" (Prohl 2003: 195).

Lauterbach stellt außerdem fest, dass Reiseführer oft ausschließlich auf historische Sehenswürdigkeiten eingehen, den "Menschen" größtenteils ignorieren oder ihn höchstens im dekorativen Sinne anführen. Er plädiert für einen stärkeren Einbezug der situativen Lebenssituation der Bevölkerung im Kontext ihrer länderspezifischen Geschichte (Lauterbach 1992: 65).

5.3. Autor

Die wichtige Rolle des Autors darf in diesem Kontext nicht übersehen werden, soweit er im Reiseführer angeführt ist (der LP stellt seine Autoren – oder das Autorenteam – auf den ersten Seiten in Form einer kurzen Selbstbeschreibung mit einem Bild vor). Dabei kann der Autor als "Opinion Leader", "Trendsetter" und "Insider" dienen. Kraft stellt in ihrer Analyse heraus:

> "The authority of the text is based upon the status of the authors as experienced travellers. [...]. (T)he representation of interpretative material without argument, (is, R.T.) in a unitary voice. [...] (T)hus suggesting that *LP India* relies on the information of 'insiders'." (Hervorhebung im Original, R.T.) (Kraft 2007: 233)

Autoren seien erfahren, sie gäben Qualitätskriterien vor, indem sie das "Beste" zusammenstellen, interpretieren und bewerten. In der Tat stehen Autoren vor dem Problem, aus der Komplexität und Fülle das Wesentliche für einen begrenzten Raum herauszufiltern. Kraft beobachtet, dass aus den Beschreibungen im Reiseführer eine aus festen Fakten bestehende Welt mit "autoritärer" Stimme angenommen werde. Außerdem bewirken zusätzliche Einschübe der sogenannten Experten ein vom Leser angenommenes Insiderwissen. Hinzu kommen die (Selbst-)Darstellung des Autors im LP und der sich immer wiederfindende Verweis in gängigen LP-Reihen auf "Unabhängigkeit", "Neutralität" bzw. "Objektivität" und spezifische Kenntnis über das selbst von ihm bereiste Land. Im Vorwort der verschiedenen LP-Reihen heißt es:

> "Why is our travel information the best of the world? It's simple: our authors are passionate, dedicated travellers. They don't take freebies in exchange for positive coverage so you can be sure the advice you're given is impartial. They travel widely to all the popular spots, and off the beaten track. They don't research using just the internet or phone. They discover new places not included in any other guidebook. They personally visit thousands of hotels, restaurants, palaces, trails, galleries, temples and more. They speak with dozens of locals every day to make sure you get the kind of insider knowledge only a local could tell you. They take pride in getting all the details right, and in telling it how it is." (Oakley & Brown [8]2009: 18, Harper & Eimer 2008: 15 und Bain 2007: 17)

Die Autoren der LP-Reihe sind demnach leidenschaftlich, sie recherchieren vor Ort, lassen sich nicht bestechen und testen selbst jedes einzelne Hotel. Sie kommunizierten mit Einheimischen und ließen sich Insidertipps von diesen geben. Weiter heißt es, sie legten großen Wert darauf, alles so zu beschreiben, wie es "tatsächlich" vorzufinden sei, und das unterscheide sie von anderen Reiseführern. Eine solche Eigenbeschreibung und die Berücksichtigung von sogenannten *Traveller*-Informationen ist für die folgende Betrachtung deshalb bedeutsam, da sie Einfluss auf den Leser ausüben. *Traveller*, so die Verlagsbezeichnung für (LP-)Reisende, tragen ebenfalls zur Aktualität bei, indem sie ihre eigenen Erfahrungen, Ratschläge und "interesting anecdotes" an LP einsenden (Oakley & Brown 2009: 207). Sie vermitteln ihm womöglich ein Bild von gehaltvoller und zuverlässiger Information. Dieses Bild werde darüber hinaus von der in allen LP-Reihen nachzulesenden "idealen" Erfolgsgeschichte des *Lonely Planet*-Verlags mitgeprägt. Dabei wandelte sich das Bild vom "Insiderverlag" (Spreitzhofer 2008: 147) für Billigreisende über die Jahre zum Reiseführer für weiträumigere Reiseziele und -budgets, wie im Folgenden erklärt werden soll.

5.4. Verlag

Der Verlag *Lonely Planet* gilt Spreitzhofer zufolge als Prototyp für einen praxisbezogenen Reiseführer, was ihn als weltweit meistverkaufter "Dritte-Welt-Reiseführer" auszeichne (Spreitzhofer 1995: 149). Er hat in vieler Hinsicht die Funktion eines Agenda-Setter inne, unter anderem aufgrund seiner eben erwähnten idealen Entstehungsgeschichte, der sogenannten *Lonely Planet Story*, der heute erreichten Popularität, seiner globalen Verbreitung in vielen Ländern und Sprachen (die LP-Reihen sind mittlerweile in 14 verschiedenen Sprachen vertreten) und der aktiven Nutzung Neuer Medien (Homepages, Blogs, Internet-Foren, YouTube, iPod, Lonely-Planet-TV etc.) (Wheeler 2005).

In der *LP Story* geht es kurzgefasst um die erste Begegnung von Tony und Maureen Wheeler 1972 auf einer Parkbank in London, eine "Liebe auf den ersten Blick" und die dann gemeinsam beschlossene Reise nach Australien über das Festland durch Länder wie Afghanistan, Indien und Thailand, über den sogenannte *Hippie Trail*. Die frisch verheirateten Wheelers verfügten angeblich nur über ein geringes Budget, was die Asienreise zu einem wahren Abenteuer machte. Angekommen in Australien, so heißt es weiter, wurden sie von unzählig vielen Menschen mit Fragen durchbohrt: Wie kann man mit so wenig Geld auf einer solch langen Reise auskommen? Was sind ihre persönlichen Geheimtipps? Aufgrund dieser und ähnlicher Fragen beschloss das Pärchen, einen Reiseführer zu verfassen, der genau dies beantworten sollte. Am Küchentisch an einer Schreibmaschine in einer günstigen Unterkunft in Singapur verfasste das Pärchen den ersten Reiseführer namens "Across Asia – on the Cheap" (1973). Die darauffolgende Reihe heißt dann "Southeast Asia on the Shoestring" und wird nicht nur zur *Yellow Bible* – so die Eigenbezeichnung und mittlerweile gängiges Wiedererkennungsmerkmal – sondern auch zum Bestseller des neu gegründeten Verlags *Lonely Planet* – dessen Name übrigens auf einem Verhörer Tony Wheelers basiert (im Songtext *Space Captain* von Genesis heißt es eigentlich Lovely Planet. Was Wheeler falsch verstanden hat, wurde zur Inspirationsquelle für den Verlagstitel) (Wheeler 2005: 43).

Zu Beginn richteten sich die Reiseführer an junge Menschen mit einem geringen Budget, an sogenannte *Backpacker*. Eine ausführliche Studie erscheint von Cohen: Er bezeichnet bereits 1973 den Rucksacktouristen als sogenannten *Drifter*, was aus dem Englischen abgeleitet ist und "sich treiben lassen/gleiten" bedeutet. Binder erstellt 2004 eine "Ethnographie des Rucksacktouristen" und bezieht sich dabei auf den von Cohen beschriebenen Reisetypus. Seinem Verständnis nach ist der *Drifter* ein

> "Touristentyp, (welcher, R.T.) sich von ausgetretenen Pfaden und den gewohnten Lebensweisen seines Heimatlandes wegwagt. Er meidet jegliche Verbindung zu einer touristischen Infrastruktur und empfindet gewöhnliche touristische Erlebnisse als unecht. Er neigt dazu, sich ganz auf eigene Faust durchzuschlagen, lebt mit der lokalen Bevölkerung und nimmt oft Gelegenheitsbeschäftigung an, um weiterzukommen. Er versucht, so zu leben, wie die Menschen die er besucht. [...] (Er, R.T.) hat keinen festen Reise- oder Zeitplan [...], keine klar definierten Reiseziele (und, R.T.) taucht nahezu vollständig in die Gastkultur ein" (Cohen nach Binder 2004: 43).

Damit wurde eine Marktlücke entdeckt. Es lässt sich ein rapides Wachstum des Rucksacktourismus in den kommenden Jahren verzeichnen. Dieses Phänomen wurde bereits von Spreitzhofer (2008) über Khao San (Thailand), Kraft (2007) über Indien, Trawlou (2002) über Athen, Jacobs (2001) über New Orleans, Bhattacharyya (1997) über Indien und Cohen (1972) über Israel untersucht.

Im Zuge der damit einhergehenden Tourismuskritik ab den 1980ern kristallisierte sich heraus, dass es sich bei dem sogenannten "Alternativtourismus" (Spreitzhofer 1995: 111) lediglich um ein Konstrukt handelte, welches vor allem der Abgrenzung zum "Massentourismus" diente. Denn die ideale Annahme einer alternativen Form von Reisen ist durch sein permanentes Wachstum bereits zu einem Massenphänomen geworden. Steinecke spricht deshalb von einem massentouristischen Alternativtourismus als ein Produkt der letzten dreißig

Jahre. Diese Problematik wurde Schwerpunkt zahlreicher wissenschaftlicher Abhandlungen in der Tourismusfachliteratur, doch kann sie an dieser Stelle nicht weiter ausgeführt werden.

Die LP-Unternehmensphilosophie scheint jedoch nicht nur ausschließlich eindimensional marktorientiert zu sein, argumentiert Spreitzhofer. Der Verlag proklamiert zudem, besonders umsichtig, umweltbewusst, unabhängig, verlässlich und redaktionell – um nur einige Punkte zu nennen – zu sein. Die Welt soll dank der "abenteuerlustigen Reisenden entdeckt und besser verstanden werden" (Oakley & Brown 2009: 220 und Spreitzhofer 1995: 163).

Der Leitspruch in den neueren (deutschen) Auflagen der LP-Reihen lautet deshalb:

> "Wir von *Lonely Planet* glauben, dass Traveller die Länder, die sie besuchen, bereichern können – sofern sie sich als Gäste respektvoll benehmen und ihr Geld klug ausgeben." (Bain 2007: 837, Harper & Eimer 2008: 292 und Oakley & Brown 2009: 220)

Die so bezeichnete *Yellow Bible* für Südostasien entwickelte sich nach Spreitzhofer zu einem Bestseller (mit über eine halbe Millionen verkauften Exemplaren) (Williams [14]2008). Zwei Jahrzehnte nach Verlagsgründung und Erweiterung seines Programms: Die wachsende Professionalisierung und die Bemühung, im US-amerikanischen Tourismusmarkt Fuß zu fassen, führte nach Schmitt unter anderem zur Aufgabe der ursprünglichen Form (des *Low-Budget*-Rucksacktourismus) und Anpassung durch neue Strategien. Unter anderem wurde der laienhaft-familiäre Stil aufgegeben und Reihen wie "Africa on a Shoestring" aus dem Programm genommen, die beispielsweise Tipps zum Cannabis-Erwerb beinhaltet haben sollen. Um das bürgerliche Klientel zu erreichen, wurden verschiedene neue Reihen für anspruchsvollere und finanzkräftigere Reisende entwickelt. Verstärkt wurde dies zusätzlich durch Verkaufsartikel wie Kalender, Reiseromane, Bildbände, CDs und Sprachführer, um nur einige zu nennen. "(Man, R.T.) empfiehlt mittlerweile auch Grandhotels, Golfplätze und Sushibars". Seit dem Aufkauf des Verlags von 75% im Jahr 2007 durch BBC sind ebenfalls neue Tendenzen in der massenmedialen Erweiterung des Verlags zu verzeichnen (beispielsweise die regelmäßige Herausgabe eines LP-Reisemagazins und Reiseberichte im LP-TV) (Schmitt 2003 und Fuchs 2007).

Im Jahr 1991 kam die neue Serie *City Guide* auf den Markt. Im Folgenden soll nun auf den *Lonely Planet Singapore* und die darin enthaltenen Darstellungen zu Religionen eingegangen werden.

6. Darstellungen von Religionen im *Lonely Planet Singapore*

Der erste *Singapore City Guide* wurde von Peter Turner und Tony Wheeler, dem Verlagsgründer, auf den Markt gebracht. Die Autoren wechselten mit der Zeit und 2012 ist die mittlerweile neunte Auflage erschienen. Seit 2009 gibt es den *Singapore Guide* auch in deutscher Sprache.

Im Hinblick auf die Religionsdarstellungen aller neun Auflagen lassen sich folgende Beobachtungen machen: Anfangs gab es noch ein eigenständiges Kapitel zu den Religionen, auch wenn sich dieses auf nur wenige Zeilen beschränkte. Das Kapitel wurde eingeteilt in *Chinese Religion*, *Islam* und *Hinduism* (Turner & Wheeler 1991: 27). Im Vergleich zu anderen Themengebieten wie Geschichte, Kulinarisches, Unterkünfte, Nachtleben oder Shopping wird den Religionen insgesamt wenig Platz eingeräumt. Im Laufe der Zeit wird das Kapitel vollständig aufgegeben. Religionsbezüge lassen sich nur noch in Verbindung mit Sehenswürdigkeiten, Festtagskalender oder Walkingtouren finden (religiöse Bauten zählen immer wieder zu den "Top Picks") (Oakley & Brown [8]2009: 60). Religiöse Feste haben ihren Platz im kulturellen Veranstaltungskalender oder dienen vereinzelt als Entertainmentfaktor:

> "Any time's a good time to go to Singapore. There are cultural events and festivals all year round, [...] (b)ecause Singapore is home to so many ethnic communities, you can hardly step outside without bumping into a festival. The less spectacular, less visible aspects of traditional culture are still practised too, and even the casual visitor will notice the numerous little street shrines, with their incense sticks, offerings and pyramids of oranges, that are inserted into a most unexpected corners." (Oakley [7]2006: 45)

Kulturelle und religiöse Sitten und Bräuche werden in Verbindung mit drei von vier in Singapur vertretenen Ethnien, Chinesen, Malaien und

Indern, genannt. Dabei wird auf wichtige (religiöse) Initiationsriten hingewiesen, die dem LP zufolge zu den wichtigsten Festlichkeiten der jeweiligen Kultur zählen. Die Aufteilung in die drei Religionen *Chinese Religion*, *Islam* und *Hinduism* ist ein wiederkehrendes Darstellungsmuster in den Auflagen des LP, welches sich wie ein roter Faden hindurchzieht.

6.1. *Chinese Religion*

Unter *Chinese Religion* (man beachte hier den Gebrauch im Singular), so heißt es in der ersten Auflage des *City Guides*, verstehe man einen Mix aus "Taoism, Confucianism and Buddhism". Dieser Mix erfülle je nach Lebenssituation verschiedene Aufgaben:

> "Taoism combines to teach people how to maintain harmony with the universe. Confucianism takes care of the political and moral aspects of life, and Buddhism takes care of the afterlife." (Turner & Wheeler 1991: 27)

Man könne bei der chinesischen Religion nicht einfach von drei verschiedenen Religionen sprechen, "to say that the Chinese have three religions [...] is too simple a view of their traditional religious life", wird weiter erklärt. Die Aufsplitterung der einen Religion in seine drei Ebenen solle lediglich zum besseren Verständnis beitragen und vereinfacht demonstrieren, dass die erste die animistische Seite "with a belief in the innate vital energy in rocks, trees, rivers and springs" zeige. Die zweite Ebene widme sich der Ahnenverehrung, und auf der dritten, sogenannten "day-to-day" Ebene, beschäftigten sich die Chinesen weniger mit den philosophischen Gedanken und asketischen Lebensweisen Buddhas, Konfuzius und Lao Tse, sondern sie richteten sich nach diesseitigem Erfolg, der Besänftigung von Göttern und Geistern und der Suche nach den verborgenen Wahrheiten ("the seeking of secret knowledge") der Zukunft. Weiter heißt es, chinesische Religion sei das, was man im Westen als Aberglaube ("superstition") beschreiben würde: "if you want your fortune told, for instance, you go to a temple" und diese Religion sei aufgrund ihrer vielen Gottheiten (dazu zählen nach LP Buddha, Lao Tse, Konfuzius und andere lokalen Gottheiten – die sogenannten "house gods and gods and goddesses for particular professions") – "polytheistisch" (Turner & Wheeler 1991: 27). Außerdem spiele Glück im chinesischen religiösen Alltagsleben eine zentrale Rolle. Götter werden stets besänftigt, um Glück im diesseitigen Leben zu erlangen.

6.2. *Islam*

Über den Islam erhält man im darauf folgenden Abschnitt erste Informationen, allerdings subsumiert, stark selektiert und mit Ausrichtung auf allgemeine Daten zur Entstehung und Verbreitung der Religion.

> "In the early 7th century at Mecca, Mohammed received the word of Allah [...]. His teachings appealed to the poorer levels of society and angered the wealthy merchant class." (Turner & Wheeler 1991: 27)

Hier werden dem Leser zentrale Elemente des Islams erklärt, so dass es den Anschein hat, man benötige bei der Auseinandersetzung mit dieser Religion keine Vorkenntnisse. Außerdem wird angedeutet, dass die Anhänger des Islams diesen unter Nutzung von Gewalt verbreiteten: "with boudless zeal, the followers of Mohammed spread the word, using force where necessary". Die fünf Säulen des Islams werden hier erläutert, indem die arabischen Begriffe und ihre Bedeutung angeführt werden: (1) das Bekennen zu einem Gott und zu Mohammed als seinen Propheten, (2) das tägliche Gebet, (3) die Almosen an Bedürftige, (4) das Fasten (und die entsprechenden Regeln) während der muslimischen Fastenzeit Ramadan und schließlich (5) die Pilgerfahrt nach Mekka. Die fünf Säulen beeinflussen demnach das Alltagsleben jedes Muslimen:

> "This profession of faith (the *shahada*) is the first of the Five Pillars of Islam [...]. Islam is the Arabic word for submission, and the duty of every

> Muslim is to submit themselves to Allah" (Hervorhebung im Original, R.T.) (Turner & Wheeler 1991: 27).

Es folgt der Hinweis, dass es sich bei Allah aus muslimischer Sicht um denselben Gott wie den des Juden- oder Christentums handele. Außerdem besäße der Islam auch dieselben Propheten wie diese Religionen, wobei die Figur Jesus als zentrales Unterscheidungskriterium im Islam als Prophet und nicht als "son of god" wie im Christentum angesehen werde. Im letzten Abschnitt wird auf die Spaltung in zwei Hauptströmungen verwiesen:

> "The Sunnis, who comprise the majority of Muslims today, are followers of the succession from [the] caliph, while the Schi'ites follow the descendants of Ali" (Turner & Wheeler 1991: 28).

6.3. *Hinduism*

Bei der Religion Hinduismus handele sich um ein komplexes Gebilde – so der erste Satz des Abschnittes der ersten Auflage des LP zu Singapur (Turner & Wheeler 1991: 28). Die Hauptausrichtungen dieser Religion, so heißt es weiter im Text, richteten sich auf die Wiedergeburt, welche möglichenfalls irgendwann überwunden werden könne.

> "*(M)oksha*, the spiritual salvation which frees one from the cycle of rebirths, [...] the deciding factor is your *karma*, which is literally a law of cause and effect." (Hervorhebung im Original, R.T.) (Turner & Wheeler 1991: 28)

Kurzerhand wird die "Ursache und Wirkung" erläutert, bevor dann näher auf das Naturgesetz, das *Dharma*, und die drei zentralen hinduistischen Praktiken eingegangen wird. Dazu zählen nach LP "worship, the cremation of the dead, and the rules and regulations of the caste system". Das Problem aus westlicher Sicht stelle hauptsächlich die Komplexität durch die Unüberschaubarkeit der vielen Gottheiten dar. Doch dann heißt es, "you can look upon all these different gods simply as pictoral representations of the many attributes of a god". Der einzige allgegenwärtige Gott präsentiere sich laut LP in drei sogenannten physikalischen Körpern, bekannt als *Brahma* (der Schöpfer), *Vishnu* (der Beschützer und Erhalter) und *Shiva* (der Zerstörer, Wiederhersteller und Vermehrer). *Shiva* habe viele Arme, *Brahma* sogar mehrere Köpfe, welche seine Allwissenheit unterstrichen. Im Abschnitt zum Hinduismus werden die wichtigsten Schriften, die Veden, erwähnt. Sie beinhalten demzufolge "göttliches Wissen", da die Worte direkt aus dem "divine mouths" strömten. Gleichzeitig stellten sie die Grundlage der hinduistischen Philosophie dar. Das Kapitel schließt mit dem Verweis auf die "Unmöglichkeit" zum Hinduismus zu konvertieren, denn er sei keine "proselytische" Religion, das bedeute, er bediene sich nicht der missionarischen Verbreitung, sondern man müsse in die Religion "hineingeboren" werden (Turner & Wheeler 1991: 18 und Goodmann 1994: 6).

In den darauffolgenden Auflagen wird das Kapitel zu den Religionen allmählich modifiziert. Es kommen weitere Beschreibungen und Ausführungen hinzu. Jedoch wird die Zusammensetzung der drei religiösen Ausrichtungen Buddhismus, Taoismus und Konfuzianismus als "eine" – und zwar als *Chinese Religion* – nicht aufgegeben. In der sechsten Auflage wird der (einmalige) Versuch unternommen, diese drei Richtungen als "Shenism" zu bezeichnen. Die drei Ausrichtungen ergänzen sich in den unterschiedlichen Lebensbereichen gegenseitig, was wiederum den Eindruck eines einheitlichen religiösen Systems vermittelt (Simon & Richmond ^{6}2003).

Auch die vielen in ganz Singapur verteilten chinesischen Tempel beherbergen, den Ausführungen zufolge, mehrere Gottheiten (Low & McCrohan ^{9}2012: 89).

Bei der Beschreibung des Hinduismus in den darauffolgenden Auflagen wird immer wieder auf die Komplexität der Gottheiten eingegangen, jedoch immer mit dem Verweis auf eine letztendlich einheitliche, auf eine zentrale Gottheit ausgerichtete Religion. In der fünften Auflage kommt folgende Textänderung hinzu: Der Schwerpunkt liegt auf dem trinitären theistischen Götterpantheon mit *Brahma* im Zentrum und den um sie kursierenden mythologischen Erzählungen. Einerseits geht es hier um die (mono-)theistische Ausrichtung der Gottheit *Brahma* – eine zentrale Figur im hinduistischen Götterpantheon – von der die *trimurti* (*Shiva*, *Vishnu* und *Brahma*) ausgehen, und andererseits um die darauf bezogenen kursierenden Legenden. Besonders die legendäre Erzählung von *Ganesha* nimmt hier eine zentrale Stellung ein:

> "The popular elephant-headed deity Ganesh is Shiva's son. (The Story, R.T.) is basically [...] said that Parvati asked Ganesh to stand guard outside her door while she bathed [...]. This is why you see figures of Ganesh at the entrance to temples [...]." (Niven et al. [5]2000: 33)

Weiter heißt es, man bringe dieser "verspielten" Gottesgestalt zu seinem Geburtstag Süßes und Honig. Auch die Gottheiten *Vishnu* und *Brahma* werden kurz im Zusammenhang mit ihren Aufgaben und Charakterzügen erwähnt: *Vishnu* wird mit richtiger Handlung ("right action") assoziiert und *Brahma* ist der Zurückhaltende ("is the most aloof of the three"). Er habe zwar die gesamte Welt erschaffen "but spends the rest of the time in meditation" (Niven et al. [5]2000: 32).

Auffällig ist bei der Betrachtung der weiteren Auflagen die stärkere Erneuerung struktureller und inhaltlicher Elemente bei Autorenwechsel: Der Abschnitt zum Islam wird demnach stark gekürzt. Während zu Beginn noch auf eine gewaltbereite Verbreitung der Religion hingedeutet wird, erfolgt eine inhaltliche Anpassung: Die nicht mehr ganz so stark orthodoxe Form ("Islam [...] was not of the more orthodox Islamic tradition of Arabia") sei friedlich in Malaysia aufgenommen und adaptiert worden. Muslimische Sultane hätten das hinduistische Königreich abgelöst, wobei hinduistische Vorstellungen und Sitten weiterhin bestehen geblieben seien. Jedoch habe sich das Kastensystem aufgelöst. Die Position der Frauen in der vorislamischen Periode und ihr Einfluss auf die Gesellschaft sei allerdings durch den Islam geschwächt worden. Die muslimisch-malaiische Verschmelzung schlug sich, dem LP nach, nur insofern positiv auf die Rolle der Frau nieder, dass sie mehr Freiheiten genießen könne, als muslimische Frauen in arabischen

Ländern (unter anderem müsse sie sich nicht mehr so stark bedecken, wie in Teilen des Mittleren Ostens oder anderen muslimischen Gesellschaften) (Turner & Wheeler ²1994: 42).

Während in den darauffolgenden Auflagen immer weniger thematischer Bezug zum Islam erfolgte (der Fokus liegt nun auf muslimischen Pilgerfahrten oder architektonischen Besonderheiten von Moscheen), rückten buddhistische Themen ins Zentrum der Darstellung: Ab der sechsten Auflage etwa kommt dem buddhistischen "Way of Death" eine ausführliche Beschreibung zu (Simon & Richmond ⁶2003). Neben den zahlreichen Informationen zu den vielfältigen chinesischen Feierlichkeiten in den unterschiedlichsten Tempeln Singapurs werden in der neunten Auflage "Schnorrertipps" gegeben. Die Autoren verweisen auf einige Möglichkeiten, "a free vegetarian meal" zu erhalten, zum Beispiel während des *Vesak Day*. So heißt es weiter, "(a)nyone's trip to Singapore should include a visit to some of the [...] vibrant Chinese Temples" (Oakley & Brown ⁸2009: 94). Damit einhergehend werden in diesem Einschub interessante "Tatsachen" beschrieben: Falle der Aufenthalt in Singapur mit einem chinesischen Fest zusammen, handele es sich hierbei um einen Glücksfall, denn einige Zeremonien seien sehr spektakulär:

> "During the ceremony (of the Birthday of the Monkey God, R.T.), mediums [...] perform miraculous feats, going into trances, piecing their cheeks and tongues with skewers and writing out charms in their own blood" (Oakley & Brown ⁸2009: 94)

Das Medium, mit seinen mit Spießen durchbohrten Wangen und Zungen, schreibe LP zufolge während seines Trancezustands Zaubersprüche in sein eigenes Blut. Im Anschluss bedankt sich LP für die zahlreichen Informationen bei einem sogenannten Experten auf dem Gebiet.

Immer wieder wird die Aufmerksamkeit vom Zentrum auf benachbarte Stadtteile gelenkt, auf sogenannte Alternativen oder "off-the-beaten-tourist-path mini-adventure" zu den sonst üblichen Touristenpfaden. Unter anderem werden die "Strange Neighbours in Commonwealth", zwei direkt nebenher existierende religiöse Gebäude, vorgestellt:

> "This (shows, R.T.) you [...] a spiritual, architectual scene the like of which you'll only see in Singapore: rising like a gigantic crystalline outcropping, the [...] Catholic Church of the Blessed Sacrament offers a stark contrast to the nearest neighbour, the [...] Sri Muneeswaran Hindu Temple." (Oakley & Brown [8]2009: 94)

Diese Gegensätzlichkeit stellt laut LP ein außergewöhnliches Stadtbild dar. Ähnliche Tempel-Nachbarschaften wurden seit der ersten Auflage, in Bezug auf den "religious pragmatism" der beiden Tempel *Kuan Yin* und *Sri Krishnan,* thematisiert (Turner & Wheeler [1]1991: 69). Demnach besuchen die religiösen Akteure zuerst den buddhistischen Tempel in der *Waterloo Street* und führen anschließend ihre Ritualpraktiken im angrenzenden hinduistischen Tempel fort. Dieser

> "attracts worshippers from the Kuan Yin Temple [...] (and, R.T) shows a great deal of religious pragmatism by also burning joss sticks and offering prayers at this (Sri Krishnan, R.T.) Hindu temple" (Niven [5]2000: 144).

Auch andere Religionen (Christentum, charismatische Bewegung, Sikhismus, Judentum oder Parsismus) werden in Bezug auf die Religionszugehörigkeit einzelner Ethnien und in den Einschüben etwa zu "Places of Worship" erwähnt. Der Hinweis zur englischsprachigen chinesischen Elite, die vor allem dem Christentum angehört (Turner & Wheeler [2]1994: 38), wird in den darauffolgenden Auflagen nicht wiederholt, stattdessen lässt sich immer wieder dieselbe Auswahl religiöser Bauten (und deren Aufteilung), wiederkehrende sozio-kulturelle Beschreibungen (zu Bräuchen und Sitten) und die Aufzählung verschiedener Feste in den jeweils aktualisierten Auflagen wiederfinden.

Auffällig ist die Illustration eines Sikh-Tempels mit Information zu Design, Funktion und Verhaltensregeln in der vierten Auflage, ohne dass inhaltlich auf den Sikhismus eingegangen worden ist, obwohl diese Religion aufgrund ihrer geringeren Popularität im Westen wohl am ehesten einer Erklärung für den Leser bedürfte. Im Übrigen wird der bekannte *Central Sikh Temple* aus dem Stadtteil *Little India* nie erwähnt, jedoch könnte er aufgrund seiner hervorragenden geografischen Lage mit in eine *Walking Tour* aufgenommen werden (bei der Betrachtung anderer Reiseführer zu Singapur, etwa die des Verlags *Doring Kindersley* (DK), ist dies der Fall) (Laidlaw [2]2007/8: 33).

Die benachbarte, im Norden befindliche Insel *Pulau Ubin* ist seit der siebten Auflage ebenfalls einen Besuch wert, da sich hier ein interessanter Schrein befinde. Diese Insel wird auch in den vorherigen Auflagen erwähnt, doch wird der sogenannte "German Girl Shrine" zum ersten Mal in dieser Auflage angeführt. Das deutsche Mädchen wandelte sich nach LP im Laufe der Zeit zu einer taoistischen Gottheit, welche jährlich von einigen chinesischen Pilgern aufgesucht werde.

> "The curious German Shrine, [...] is filled with all manner of charms, offerings, folded lottery tickets, a medium's red table and chair, burning candles and joss paper. [...] (T)he daughter of a Roman Catholic family became a Taoist deity, whose help some Chinese believers seek for good health and [...] good fortune. A small devoted collection of Singaporeans regularly make the trek to the shrine seeking her favours. Some reportedly even bring German-speaking mediums along" (Oakley & Brown [7]2006: 183).

Das Mädchen soll demnach im Ersten Weltkrieg bei einer Flucht vor der britischen Besatzung umgekommen sein. Als einige Einwohner annahmen, ihr Geist halte sich in den Wäldern der Insel auf, bestattete man sie im naheliegenden taoistischen Tempel und später fand sie ihren Platz in der für sie errichteten Gedenkstätte auf der Insel (Tissen 2010: 8).

In den neueren Auflagen werden verstärkt die Themengebiete "kulturelle Identität", "Kultur", "perfekte Harmonie" mit dem ständigen Verweis auf die gegenwärtige religiöse Situation aufgegriffen (Oakley & Brown [8]2009: 30). Auch unter dem Stichwort "Sights", "Walking Tours", "Shopping", "Entertainment" oder bei der Beschreibung des mythologischen Freizeitparks *Haw Par Villa* sind religiöse Bezüge zu entdecken, was in gewisser Hinsicht in der vorherigen Auflage vorbereitet wurde.

Der mythologische und seit der zweiten Auflage erwähnte "colourful and wonderfully weird theme park of Chineses scores" (*Haw Par Villa*) zählt zu den "Top Picks for Kids". Darin befindet sich die Ausstellung zu den so bezeichneten buddhistischen "Ten Courts of Hell". Später heißt es in derselben Auflage, die *Courts* demonstrierten so grausame Szenarien der buddhistischen Unterwelt, dass sie für Kinder weniger geeignet seien:

> "(T)his [...] exhibit goes into great detail, visually cataloguing which afterlife punishments (impaling, freezing, being cast into fiery lakes) fit which crimes." (Oakley & Brown [8]2009: 77)

6.4. Spiritualität

Die über die Auflagen des LP hinweg wechselnden Autoren erweitern und verändern Abschnitte zur Religion kontinuierlich. Das Thema "Spiritualität" rückt dabei immer stärker ins Zentrum. Es ist die Rede von spiritueller Küche (Oakley & [8]2009: 121 und Low & McCrohan [9]2012: 59), aber auch ganze Stadtteile werden als spirituell bezeichnet.

> "Eastern Singapore is where you'll find the Geylang district at once notorious and spiritual [...] has come into is town as the spiritual heartland [...]. (T)he area is also one of the Lion City's spiritual hubs, with huge temples and mosques, and picturesque alleys dotted with religious schools, shrines and temples" (Oakley & Brown [8]2009: 77).

Einzelne, außerhalb des Zentrums liegende Tempelanlagen werden ebenfalls als spirituelle Kernpunkte betitelt. Ein im nordöstlichen Teil Singapurs liegender Tempel ist laut LP "the embodiment of Singapore — an approach to spirituality" (Oakley & Brown [8]2009: 81), da dieser gleich drei Religionen beherberge. Ein anderer erwähnter Tempel verfüge über einen Dachgarten, in dem man sich niederlassen könne, da dort ein "Hauch der Gelassenheit" wehe: "Breathe in the air of serenity while pondering the eternal" (Low & McCrohan [9]2012: 87). Gleich auf der anderen Straßenseite befinde sich außerdem ein namenloser Dschungelpark, welcher sich hervorragend "for postmeditation contemplation" eigne.

Unter der Kategorie "Top Picks" wird ferner eine besondere "esoterische" Führung als "Must Try Tour" unterbreitet:

> "Geraldine [...] and Diane [...] are the venerable duo [...]. (They, R.T) offering a wide varity of tours to suit all interests. (With, R.T.) knowledge of [...] history, cuisine, architecture, botany, ethnic diversity, religions and festivals [...], (they are, R.T.) also specialises in more esoteric areas, such as excursions examinating Singaporean feng shui, cemetries and other less-examined facets of the Lion City. [...] (T)aking advantage of various religious and cultural festivities" (Low & McCrohan [9]2012: 94).

Im Kapitel zu "Leasure Activities" der achten Auflage werden neuerdings auch Yogakurse aufgeführt. Yoga sei immer angesagter, heißt es im Abschnitt, "perhaps this accounts for the newfound mental flexibility of the denizens of this city-state once known for dogmatic stiffness" (Oakley & Brown [8]2009: 158). Die Lebensart der Bevölkerung in Singapur, so die Erklärung der Autoren, habe sich ein wenig gelockert, und sie wirkten nicht mehr so versteift. Einige Yogazentren werden hier aufgeführt, darunter auch ein hinduistischer Tempel, der kostenlose Kurse anbiete.

6.5. Bildliche Darstellungen

Folgende Tendenzen lassen sich bei den jeweiligen Abbildungen beobachten: Während der ersten Auflagen des LP SCG werden häufig Abbildungen von bunt verzierten Gebäuden, Eingangsbereichen oder Figuren von für die Religion als wesentlich erachtete Götter und Gottheiten verwendet (Niven [5]2000: 32). Die orientalisierenden und exotischen Textpassagen werden mit entsprechenden Bildern zusätzlich untermalt. Erst in späteren Auflagen, wo die "Modernität" und der "Fortschritt" Singapurs deutlich hervorgehoben werden, lassen sich auch vereinzelt Abbildungen zu religiös-praktizierenden Menschen finden (Low & McCrohan 2012: 22). Es stehen insgesamt jedoch ausschließlich historische Sehenswürdigkeiten im Vordergrund und seltener der Mensch. Dieser dient, so Lauterbach, eher im "dekorativen" Sinne (Lauterbach 1992: 65). Der Mensch an sich werde größtenteils ignoriert. Es geht dabei eher um den Unterhaltungswert. Beispielsweise findet man häufig Darstellungen in Nahaufnahme von durchbohrter Haut von Devotes während des *Thaipusam*-Fests oder verkleidete, tanzende und feuerspuckende Menschen während des chinesischen Neujahrsfests. Sie fungieren hier eher als Animateure des Landes, was sich auch darin zeigt, dass sie im Kapitel zu Entertainment wiederzufinden sind (Turner & Wheeler [3]1996: 220 und Titelbild von Oakley & Brown [8]2009). Die von LP beabsichtigte Darstellung von chinesischer Alltagskultur wird mit Fotografien von Kartenlesern und Blumenverkäufern vor chinesischen Tempeln hervorgehoben (Niven 2000: 145). Eine Fotostrecke, auf der ein Opferschrein, ein hinduistisches Fest und einzelne Devotes abgebildet sind, spielt außerdem auf die starke Besinnung auf die religiöse Tradition trotz "Westernization and secularism" an (Niven [5]2000: 49).

Deutlich wird besonders die Zurückhaltung der bildlichen Darstellung islamischer Motive. Zu den gängigsten Abbildungen zählen die von einzelnen Palmen umgebene Sultanmoschee oder Straßenszenarien der Arab Street mit Märkten und mit Kopftuch bedeckten Menschen (eine Stichprobe anderer Reiseführer zu Singapur zeigt jedoch öfter verwendete Bilder zu muslimischen Gläubigen, wie sie etwa den Koran im Inneren einer Moschee studieren, an der Freitagszeremonie teilnehmen, Abbildungen von Fußwaschungen oder muslimischen Kindern, Laidlaw [2]2007/8: 22, 31 und 71). Umso stärker hervorgehoben sind im LP die Bilder von unterschiedlichen Buddhafiguren (Turner & Wheeler [3]1996: 153), aber auch die der aufwendig verzierten, mit zahlreichen Figuren bestückten Dächer einiger hinduistischer Tempel (Turner & Hellander [4]1998: 88), welche besonders die gängigen (textlichen) exotisierenden und orientalisierenden Darstellungsmuster in den jeweils unterteilten Abschnitten hervorheben.

Die Durchsicht aller neun Auflagen des *Lonely Planet* erlaubt eine genaue Vorstellung über die Darstellungen von Religionen im *Lonely Planet Singapore*, aber keine wirkliche Idee über die dort tatsächlich im Alltag ausgeübten Religionen. Dabei konnte an mehreren Stellen gezeigt werden, dass es sich vielfach um exotisierende und teils verwirrende Darstellungen handelt. Hier könnte man fast meinen, in Anlehnung an die zu Beginn vorgestellte Annahme Webers im Hinblick auf den fortschreitenden Modernisierungsprozess, es finde vielmehr eine Art "Wiederverzauberung" statt: Der Leser wandert sozusagen durch von Feng Shui inspirierte Landschaften und spirituelle Stadtteile, erfährt etwas über buddhistische Bestattungsrituale, über "seltsame" Tempelnachbarschaften, "verspielte" hinduistische Gottheiten und die komplexe Verbreitungsgeschichte des Islams in dieser Region. Ferner erhält er Tipps darüber, wo er sich kostenlos "durchschlemmen" oder an Yogakursen teilnehmen kann. Auffällig ist vor allem die Dreiteilung in *Chinese Religion*, *Hindusim* und *Islam* und die darunter gefassten inhaltlichen Beschreibungsmuster.

Im Folgenden sollen religionswissenschaftliche Erklärungsversuche zu den reduktiven und vereinfachten Darstellungen vorgestellt werden. Gleichzeitig wird die vorangestellte Säkularisierungsthese aufgegriffen, mit dem Verweis auf die tatsächlich gelebte Religion.

7. Analyse der Beschreibungsmuster von Religionen im *Lonely Planet Singapore*

7.1. Zur chinesischen Religion

Die chinesische Religion wird über alle Auflagen des LP Singapur als ein Mix aus den drei religiösen Traditionen Buddhismus, Taoismus und Konfuzianismus beschrieben. Diese seien ineinander verflochten, ergänzten sich gegenseitig und übernähmen je nach Lebenssituation eine bestimmte Funktion innerhalb einer den Traditionen abstrakt übergeordneten Religion. Diese simple Darstellung von "Einheit und Vielfalt" innerhalb "einer" Religion, der hier konstruierten chinesischen Religion, ist nicht erst das Produkt des LP. Der Verlag schließt sich in seiner Beschreibung einer chinesischen Religion früheren Konzepten an, die hier anhand ausgewählter Beispiele demonstriert werden sollen: Bereits der Sinologe und Missionar de Groot hatte in seiner "Universalismus-Schrift" 1918 die Ansicht vertreten, dass es sich bei den drei religiösen Traditionen um eine "typisch synkretistische" (de Groot nach Gentz 2006: 18) Religion handele:

> "China besitzt [...] drei Religionen: den Taoismus, den Konfuzianismus und den Buddhismus [...] und doch sind diese nur eine. [...] (I)n Wirklichkeit sind sie Äste eines gemeinsamen Stammes, der seit uralten Zeiten bestanden hat, dieser Stamm ist die Religion des Universums, des Weltalls, seiner Teile und ihrer Erscheinungen" (de Groot nach Deeg 2003: 42).

Hierbei führt de Groot den Diskurs jesuitischer Missionare des 16. und 17. Jahrhunderts weiter, deren Annahmen über die chinesische Religion sich bis in die Gegenwart hartnäckig halten. Auch der Philosoph Hegel griff diese Idee in seinen Vorlesungen über die Philosophie und Religion auf und systematisierte die drei Traditionen als die eine "Religion des Maßes" (Hegel 1925: 27). Ähnliche inklusionistische Annahmen mit Bezug auf die von de Groot verbreitete Universalismus-Idee sind auch bei Weber in seiner Abhandlung zur (im Singular verwendeten Bezeichnung der) Religion Chinas zu finden (Weber 1988) [1921]: 300).

Trotz zahlreicher Kritik aus der Religionswissenschaft (Seiwert 1995, Reiter 2002, Deeg 2003, Franke 2006, Pye 2006, Gentz 2006, Kiong 2008 und Clart 2009) hat die Universalismus-These bis in die Gegenwart Vertreter gefunden (Maht 1981, Glasenapp 2001, Meisig 2005, Kuah 2009 und Küng 2010). Die drei dominierenden Traditionen Chinas werden auch heute noch teilweise, wie es der LP zeigt, zur chinesischen Religion zusammengefasst. Sie werden nach Auswertung von Clart oft einfach nur in einem Sammelbegriff subsumiert, ohne vorher zu klären, in welchem Verhältnis die einzelnen Traditionen zueinander stehen (Gentz 2006: 18). Der Begriff der chinesischen Religion werde essentialistisch, reduktionistisch und selten historisch bewusst verwendet. Insgesamt lässt sich innerhalb der Religionen ein stetiger Austausch in sowohl diachroner als auch synchroner Perspektive verzeichnen. Die Geschichte des Begriffs der "Drei Lehren" ist demnach so wechselseitig wie das Verhältnis von Buddhismus, Konfuzianismus und Taoismus im Laufe der chinesischen Geschichte selbst (Clart 2009: 7 und Reiter 2002: 9).

Nach Deeg beruht dieser Prozess allerdings auf einer sehr komplexen und verflochtenen Wechselwirkung zwischen dem Westen und China. Er hebt hervor, dass gewisse Beschreibungsmuster vor allem durch jesuitische Missionare, welche bis in das 19. Jahrhundert hineinwirkten, von chinesischen "Bildungsbeamten" aufgenommen und rückprojiziert wurden (Deeg 2003: 38). Dieses positiv geprägte Bild (fernöstliches Gedankengut sei besonders "vernünftig") wurde von westlichen Interessierten (unter anderem von Leibniz, Voltaire und Wolff) begeistert aufgenommen, denn es schien kompatibel mit den vorherrschenden Ideen und Vorstellungen des "aufklärerischen" Westens zu sein. Allerdings folgte auch eine Rückspiegelung der dem Osten zugeschriebenen positiven Beschreibungen zurück auf das Ursprungsland. Intellektuelle Akteure und Vertreter wie Kang Youwei,

Sun Yatsen oder Hu Shi adaptierten die westlichen Zuschreibungen begeistert, und mit einer Selbstverständlichkeit erklärten sie diese für zutreffend. Nun schienen die fernöstlichen Vorstellungen tatsächlich "vernünftig" und besonders authentisch zu sein. Widersprüchliche Sichtweisen, die nicht den positiven Vorstellungen entsprachen, wurden einfach von der chinesischen Bildungselite abgelehnt und degradiert. Die Übernahme solch westlich-orientalistischer Ansichten im eigenen Land sorgte zudem für eine insgesamt dialektisch-dichotome Sichtweise über den Westen und über China.

Keine der drei Lehren kann darüber hinaus problemlos mit dem Diskurs über den europäisch geprägten Religionsbegriff in Einklang gebracht werden. So betont Eikemeier in Bezug auf die ostasiatische Religionsgeschichte, dass diese drei Traditionen – zusammengefasst zur abstrakten Größe der chinesischen Religion – eher weniger als "distinkte soziale Systeme" (Deeg 2003: 38) wie die Religionen im jüdisch-christlichen Raum, im Sinne Luhmanns, betrachtet werden können. Damit geht die Problematik einher, die oben genannten Traditionen in westliche Kategorien wie "Religion" oder "Philosophie" zu zwängen. Demzufolge solle man sich die "Windmühlenfechterei" (Clart 2009: 156) ersparen, fordert Clart, und das Augenmerk besser auf die verschiedenen Interpretationsweisen der drei Traditionen im historischen bzw. zeitgenössischen sozialen Kontext richten, wie sie etwa vielschichtig verwendet und auf die Bedürfnisse von Individuen und Kollektiven angepasst worden sind bzw. aktuell praktiziert werden.

Mit den Migrationsbewegungen der Chinesen um das 18. und 19. Jahrhundert in den südostasiatischen Raum verbreiteten sich auch die Lehren und religiösen Vorstellungen Chinas in Südostasien, deren Ursprünge bis in die Ming-Dynastie (1368-1644) zurückzuverfolgen sind. (Fitzgerald 1972, Serrie & Hsu 1998 und Chin 2000). Während der Ming-Dynastie wurde eine stärker restriktive, doktrinäre Religionspolitik geführt, als es in früheren Dynastien üblich war. Nach Gentz kursierten während dieser Zeit programmatische Schriften zu den "Drei Lehren". Darunter waren Abhandlungen, etwa zur Positionierung oder dem Religionsverständnis, festgehalten. Immer stärker wurde auch das einheitliche Konzept dieser drei Lehren proklamiert. Auch eine gewisse Kontrolle hinsichtlich der Staatstreue wurde über die drei Traditionen ausgeübt (Gentz 2006: 31 und Clart 2009: 89). Jedoch stellen diese drei Traditionen nicht an jedem Ort und zu jeder Zeit eine einheitlich praktizierte, empirisch eindeutig identifizierbare, zu einem Gesamtsinnsystem verallgemeinerbare chinesische Religion dar, wie dies oft reduktiv konstruiert wird. Am Beispiel Singapurs wird deutlich, dass es sich hierbei um kein einheitliches, sondern um ein eher eigenes Konzept handelt, welches sich im Zuge der lokalen Religionsgeschichte formiert und an die entsprechende Gegebenheit (anfangs unter Raffles Migrationspolitik und später unter der PAP) angepasst hat (Seiwert 1995: 145). Konfuzianische Werte genossen daher immer einen besonderen Stellenwert, besonders im Bildungsbereich. Daher ist die Rede von einer "Einheit der Vielfalt" bereits problematisch und inklusionistisch, widerspricht sie doch der jeweiligen Schwerpunktsetzung der einzelnen Traditionen im entsprechenden Kontext der tatsächlich gelebten Religion. Am Beispiel des Kuan-Yin-Tempels in der *Waterloo Street* soll im Folgenden die religiöse Besonderheit des sogenannten chinesischen Tempels herausgearbeitet und die Annahme einer Einheit der Vielfalt hinterfragt werden.

Eigenheit statt Einheit – am Beispiel des Kuan-Yin-Tempels

Laut LP beherbergen die so bezeichneten "chinesischen Tempel" in Singapur alle drei Traditionen: Taoismus, Buddhismus und Konfuzianismus (Hellander & Turner [4]1998: 34). Eine Untersuchung des Kuan-Yin-Tempels in der *Waterloo Street* widerlegt das gängige Beschreibungsmuster der "chinesischen Religion" und das des "chinesischen Tempels" im LP. Die Annahme eines gleichgewichtigen Nebeneinanders der drei Traditionen in einem chinesisch geprägten Tempel in Singapur ist nach Pye irreführend. Er spricht vielmehr von einem metaphorischen "Tauziehen" (Pye 2006: 41) der Traditionen in den Tempeln als von einer religiösen Einheit von Buddhismus, Taoismus und

Konfuzianismus. Dieses Tauziehen könne je nach Tempelgründung und individueller Nutzung unterschiedlich ausfallen. Elemente aus einer Tradition können dominieren, geringfügig vertreten sein oder ganz fehlen. Am Beispiel des Kuan-Yin-Tempels fällt besonders stark der im Vordergrund stehende Kuan-Yin-Kult auf: *Kuan Yin* werde als buddhistische Göttin der Barmherzigkeit verehrt, welche aus der Not retten und zum Glück führen könne. Durch die Attribute, die ihr durch religiöse Akteure zugeschrieben werden, werde die buddhistische Eigenart des Tempels nach Ansicht Pyes besonders deutlich (zur selben Erkenntnis kam ich ebenfalls durch eigene Beobachtungen vor Ort in demselben Tempel). Somit widerlegt die empirische Überprüfung dieses Tempels das gängige Beschreibungsmuster des *Lonely Planet* über die "Einheit" der drei Lehren in den chinesischen Tempeln und gleichzeitig die der chinesischen Religion (Poseski 2009: 160 und Wang 2003: 285).

Des Weiteren wird der Themenpark *Haw Par Villa* im LP aufgegriffen. In diesem mythologischen Park befinden sich die *10 Courts of Hell*, welche in der achten Auflage als *Top Picks for Kids* ausgezeichnet sind. Religionsgeschichtlich habe sich die "chinesische Hölle", Lim und Schmidt-Glintzer zufolge, erst mit dem Einfluss buddhistischer Vorstellungen zu einer sich ständig wiederholenden Wechselbeziehung von Erlösung und Bestrafung formiert. Sie kann nach Lim zusammengefasst werden als

> "an (u)nderworld for the punishment of the unworthy [...], (as, R.T.) a processing centre of souls, karmic cleaning house and reincarnation interchange (and, R.T.) its new function was to allow unworthy souls to pay off some of their karmic dept through inventive and excruciating torture." (Lim 2005: 38)

Die zehn, manchmal achtzehn unterschiedlichen Höllenstationen haben verschiedene Funktionen bezüglich der Bestrafungsformen und hängen von individuellen Fehltritten bzw. Verbrechen ab. Entsprechend wird die zentrale Position des Individuums betont, welches sein eigenes Schicksal durch sein Verhalten bestimme und demnach allein dafür verantwortlich sei (Oakley & Brown [8]2009: 87). Gleichzeitig warnt der LP, dass die zehn Höllenstationen weniger für Kinder geeignet seien, da sie grausame Szenarien der chinesischen Hölle demonstrierten (Lim 2005: 38 und Schmidt-Glintzer 2009: 232). Die in diesem Freizeitpark thematisch und visuell dargestellten zehn Höllenstationen stellen eine touristische Attraktion von besonderer Art dar. Bei der Ausgestaltung dieses Parks wird auf religiöse Motive der chinesischen Mythologie zurückgegriffen, was sich nach Stausberg zu einem wichtigen (neuartigen) Segment in der Tourismus-, Freizeit- und Unterhaltungsindustrie als so bezeichnetes "Nostalgiespektakel" (Stausberg 2010: 100) gewandelt hat. Im LP wird nicht nur die chinesische Vorstellung vom "Jenseits" thematisiert, sondern verstärkt das "Diesseits" hervorgehoben – sei es die Betonung der ständigen Suche nach diesseitigem Glück bzw. Wohlstand oder allgemein die Orientierung nach diesseitigem Nutzen im Alltagsleben, welche sich insbesondere in den religiösen Ritualen, wie etwa der Besänftigung der Geister, Götter und Ahnen, widerspiegelt (Turner & Wheeler 1991: 26, [2]1994: 39, [3]1996: 46, Hellander & Turner [4]1998: 29 und Niven et al. [5]2000: 30). Das Individuum steht dabei stets im Vordergrund: Chinesische Tempel haben "no set times for prayers", was ebenfalls die individuelle Ausrichtung unterstreicht. Der Alltag werde entsprechend positiv zu beeinflussen versucht, indem "allgegenwärtige" Kräfte angerufen, besänftigt oder durch Techniken beeinflusst werden (Poceski 2009: 169 und Schmidt-Glintzer 2009: 148).

Der LP vermittelt dem Leser den Anschein, dass es tatsächlich "allgegenwärtige Kräfte" gebe, die besänftigt und beeinflusst werden können, dass Feng-Shui-Techniken tatsächlich Auswirkungen auf die Umwelt haben, dass Götter die dargebotenen Speisen wirklich verzehren und dass Medien de facto in Trance verfallen (Kraft 2007: 233). Die abschließende Erwähnung eines sogenannten Fachmanns desselben Abschnittes unterstreicht die Annahme, dass es solche Kräfte tatsächlich gibt und dass sie wirken.

7.2. Zum Islam

Die Darstellung des sogenannten peripheren Islam im LP weist ebenfalls Beschreibungsmuster auf, die in diesem Kapitel näher untersucht werden müssen. Trautner zufolge ist unter peripheren Islam nicht diejenige Tradition aus dem "islamischen Kernland" Arabiens zu verstehen, sondern die, welche sich über Südostasien aufgrund langjähriger indischer Handelstätigkeiten verbreitet hat. Dabei werden flexible und gegenüber anderen Weltanschauungen tolerantere Glaubenspraktiken beobachtet, die als "spezifische Eigenheiten" des Islamisierungsprozesses verstanden und sich als peripherer Islam begründen lassen (Trautner 2003: 32). Die Frage, was dieser Islam nun sei und wo die Grenzen in Asien verlaufen, ließ zahlreiche wissenschaftliche Debatten aufkommen, was durchaus auf die Komplexität der islamischen Traditionen und Richtungen im südostasiatischen Raum hinweist (Al-Azmeh 1996, Heine 2000, Malik 2001, Schreiner 2001, Trautner 2003, Schiffer 2004, Azra 2005, Krämer 2005, Meuleman 2005, Ende & Steinbach 2005 und Heiduk 2007). Noch schwieriger scheint es dann, den Islam im Kontext seiner Entwicklungs- und Verbreitungsgeschichte, der zahlreichen Strömungen, vielfältigen Vorstellungen und religiösen Handlungen in einem Reiseführer auf wenige Seiten (oder Zeilen) zusammenzufassen und ihn auf einzelne zentrale Merkmale zu reduzieren. Es besteht hierbei vor allem die Gefahr der reduktiven Darstellung, die alle Formen und Erscheinungen auf den einen Islam zurückführt, diese gleichzeitig mit den Lehren des Korans gleichsetzt und diese schließlich im Kern als einheitlich, einförmig und unwandelbar erklärt. Der Islam ist jedoch kein "monolithischer Block" (Krämer 2005: 7 und Tworuschka 1988: 13), sondern in den Vorstellungen und Lebenswelten der Praktizierenden vielfältig und wandelbar.

Der LP geht wie folgt vor: Die für den Islam angenommenen zentralen Elemente (Namen, Fakten, Zahlen und Begriffe) werden nacheinander aufgelistet. Dadurch erhält der Leser zwar einen kurzen Einblick in die Entstehungs- und Verbreitungsgeschichte, erfährt vom

Propheten Mohammed, der Offenbarung Gottes (Allahs) im Koran, von der inhaltlichen Bedeutung der fünf Säulen und letztlich von der Spaltung in die beiden Hauptströmungen Sunniten und Schiiten. Jedoch geschieht dies einseitig, in einer nacheinander folgenden Auflistung der eben genannten und dem Islam zugeordneten Begriffe. Dies sagt jedoch nichts über die anzutreffende "gelebte" Religion aus (Prohl et al. 2004a: 13). Außerdem wird explizit auf die Gewaltbereitschaft in der Verbreitung hingewiesen: Die Bemerkung, dass der Islam bei seiner Verbreitung auch gewaltbereit sei, wo es nötig sei ("using force where necessary"), trägt unterschwellig zu einem Negativbild bei. Diese Anmerkung wird erst ab der sechsten Auflage (2003) aufgegeben. Jedoch wird die Beschreibung ab der zweiten Auflage abgeschwächt und ergänzt durch eine kurze Erläuterung der Verbreitungsgeschichte in Südostasien (über die *Indian Trades*), der nun friedlichen Adaption des Islams in lokal vorzufindenden religiösen Systemen, und schließlich wird auf die Ablösung hinduistischer Königreiche von muslimischen Sultanaten hingewiesen. Auch die Rolle der Frau wird dabei angeschnitten und ihre Positionsschwächung in der Gesellschaft mit dem Einfluss des Islams erklärt.

Die Vorgehensweise der Beschreibung könnte auf den Leser eher irreführend und verzerrt wirken, als dass sie zu einem besseren Verständnis des Islams beiträgt. Es bleiben viele Fragen offen, etwa wie genau sich islamische Strukturen in einer religiös vorgeprägten Region etablieren und diese letztendlich ablösen konnten. Der LP deutet zwar auf eine friedliche Adaption und Vermischung hin, erklärt diese jedoch nicht weiter. Darüber hinaus wirkt sich die Beschreibung über den Einfluss (des Islams) auf die Frauenrolle nicht unbedingt zugunsten der muslimischen Frau aus. Ohne diese Aussage in einen erklärenden sozio-kulturellen Kontext einzubetten, was zu einem besseren und wertfreieren Verständnis beitragen würde, wird die Stellung der muslimischen Frau auf Basis universalistischer Gleichheitsnormen abgehandelt und westlichen Werten entgegengesetzt. Die Frauenrolle kann durch eine solche Aussage vom Leser als abwertend, fremdartig, ungerecht, überholt, traditionalistisch oder unverständlich empfunden werden (Bergmann 2000: 595, ausführlich dazu Schiffer 2004, Gladigow 1994 und Bernard 1994: 11).

Die im LP verwendeten "orientalisierenden" Abbildungen (Fotografien von Moscheen, exotischen Basaren, verschleierten Menschen und herausragenden Palmen) projizieren oder verstärken ein bereits vorherrschendes exotisches Orientbild: Seit der ersten Auflage wird die Sultanmoschee (die älteste Moschee Singapurs) immer wieder abgebildet. Doch weitere Abbildungen mit muslimischen Bezügen halten sich im Vergleich zu denen über andere Religionen in Grenzen (manchmal wird noch die *Jamae-Ath-Moschee* oder *Nagore Dhurga Muslim Moschee* abgebildet). Auch Straßenszenen mit exotisierenden Reizen, etwa Basare, in farbenfrohen Gewändern gehüllte Frauen und Männer, werden immer wieder gezeigt. Die Darstellung erinnert ein wenig an das Orientbild des 18. und 19. Jahrhundert, als Dichter und Schriftsteller das Bild mit ihren romantisierenden Vorstellungen prägten (man denke dabei an die Übersetzung der Märchensammlung *Tausendundeine Nacht* von Galland, Goethes Gedicht über den *west-östlichen Diwan* oder an die Präsentation des Orients in den Abenteuergeschichten Karl Mays, die noch auf mehrere Generationen wirkten).

Bis heute hat sich nicht viel geändert, betrachtet man die Darstellungen im LP zu Singapur. Dabei werden dem Leser bei der Darstellung dieser exotisierenden und orientalisierenden Muster nur selektive Versatzstücke dargeboten, was Said in seinem Werk *Orientalism* (1978) an anderen Darstellungen schon stark kritisierte. Sein Vorwurf richtet sich hauptsächlich gegen den angeblichen Versuch der westlichen Wissenschaftler, in ihren Arbeiten ein Bild von der orientalischen Welt zu schaffen, das den eigenen Vorurteilen entspreche und mit der Realität kaum etwas gemeinsam habe (Lindemann 2007, Heine 2009: 13 und Said ^{3}2003). Die Vorstellung über den Islam speist sich aus den ihm zugeschriebenen idealtypischen Merkmalen, mit denen er immer wieder in Verbindung gebracht und damit konstruiert wird. Dabei sagen die Zuschreibungsmuster weniger etwas über die Kultur und

Religionen Singapurs aus als vielmehr über den Kulturkreis, in welchem diese Bilder produziert werden. Nicht selten stehen ökonomische, ideologische oder (macht-)politische Interessen dahinter, verbunden mit einem Überlegenheitsgefühl (Plaschegg 2005: 26 und Kurz 2000: 18).

Ein weiteres fragwürdiges Beschreibungsmuster betrifft den Stadtteil *Geylang*: Während der chinesischen Bevölkerung der Stadtteil *Chinatown* und den Indern die Region *Little India* zugeschrieben wird, wird den Malaien in Singapur der Stadtteil *Geylang* als typisch malaiisches Stadtviertel zugeordnet. Dass der Ort später zu einem Rotlichtviertel und in der weiteren Beschreibung dann zur spirituellen Kernlandschaft Singapurs modifiziert wird (im Vorwort zum Kapitel "Neighborhoods" der achten Auflage findet sich etwa folgende Beschreibung des Stadtteils: "Other backpackers will head to Gaylang, where on some streets they may encounter a row of Buddhist shrines and temples, and on other streets a row of semilegal borthels and a veritable army of sex workers. [...] Whichever street they choose, (it, R.T.) promises to be colourful"), zeigt auffällig wechselnde, fragwürdige und schließlich "sexistische" (Oakley & Brown [8]2009: 44) Beschreibungsmuster auf.

Verbreitungsgeschichte des Islams in Südostasien

Den Darstellungen des LP zufolge hat sich der Islam von Südindien über Südostasien verbreitet. Daher handele es sich bei dem in Singapur anzutreffenden Islam nicht um eine arabisch-orthodoxe Form, sondern um eine bereits abgeschwächte Prägung. In der religionsgeschichtlichen Forschung sind die Meinungen bezüglich der Verbreitungsgeschichte jedoch gespalten: Einige Forschungsansätze stimmen annähernd mit der Aussage des LP überein, wenn sie sagen, muslimische Händler, Seeleute und Sufis aus Indien seien in Südostasien mit buddhistischem und hinduistischem Gedankengut konfrontiert worden (Heiduk 2007: 5). Einige Forscher nehmen einen Islam an, der stärker von sufistisch-mystischen Ideen und Vorstellungen geprägt ist. Mit der esoterischen Ausrichtung begründen sie so die erfolgreiche Anpassung und Integration in die lokalen religiösen Gegebenheiten (Trautner 2003: 32). Beispielsweise verweist Geertz in seiner Untersuchung zur Religion auf Java auf islamische Elemente, die eine Symbiose mit hinduistisch-buddhistischen Ideen eingegangen seien, deren Bedeutung sogar bis ins 19. Jahrhundert reichten. Geertz betont hier ebenfalls den Einfluss bestimmter Sufi-Organisationen (Geertz 1976: 200). Das gegenwärtige Bild des südostasiatischen Islams sei das einer flexiblen, anpassungsfähigen, kreativen und gegenüber anderen Weltanschauungen per se toleranten Religion (Malik 2001: 28 und Heiduk 2007: 5). Diese spezifische und eigentümliche Eigenschaft wird dem südostasiatischen Islamisierungsprozess zugeschrieben. Als Beleg für diese Annahme führt Trautner die Beobachtung an, dass es beispielsweise in Indonesien während einer jährlichen Feier, in der die hinduistische Meeresgöttin *Loro Kidul* verehrt wird, keineswegs ungewöhnlich sei, dass diese mit islamischen Segensformeln gepriesen werde (Trautner 2003: 33). Das bedeute, der Islam sei durch Fremdeinflüsse (weniger in Glaubensinhalten oder im Rechtssystem als eher in kollektiv begangenen lokalen Riten und individuellen Praktiken) beeinflusst worden und aus buddhistischen oder hinduistischen Fürstentümern seien folglich sogar islamische Sultanate geworden (Heiduk 2007: 5). Davon ist im LP ebenfalls zu lesen. Hinduistische Sitten und Bräuche hätten sich demnach nicht völlig aufgelöst, sondern in die nun vorherrschende muslimische Regierungsform integriert. Heiduk beschreibt die Adaption des Islams in lokale Kulturen als einen "subtilen Prozess der gegenseitigen Inkulturation" (Geertz 1976: 200 und 309), wobei der Islam moderate, tolerante und heterogene Charakterzüge angenommen habe. Schreiner und Malik sprechen von "synkretistischen Interaktionen" (Schreiner 2001: 10 und Malik 2001: 22). Damit meint Malik die Übertragung islamischer Grundsätze auf die indisch religiöse Weltordnung und umgekehrt, beispielsweise wenn ein Prophet während dieser Wechselbeziehung zu einer Gottheit "umfunktioniert" werde.

Religionen sind keine in sich einheitlich abgeschlossene Systeme. Sie waren und sind anderen Religionen ständig ausgesetzt und werden in ihren Kontexten gelebt, von jedem Individuum auf eigene Weise verstanden, erlernt, verarbeitet und praktiziert. Daher besitzen sie auch immer Alternativen (Ende & Steinbach [5]2005: 777). Sie reagieren aufeinander und beeinflussen sich in unterschiedlicher Weise. Inwiefern das prozessuale Zusammenwirken unterschiedlicher Elemente in welcher Gewichtung stattfindet, lässt sich mit dem Ansatz aus der "lokalen Religionsgeschichte" nach Kippenberg und Franke nachvollziehen und weniger mit dem in der Religionswissenschaft umstrittenen Synkretismus-Begriff, denn dieser ist nicht nur christlich vorgeprägt, er setzt die Annahme voraus, es gebe bei der Vermischung von verschiedenen Religionen eine "Vorform" bzw. ursprüngliche Religion. Einige weiterentwickelte Ansätze versuchen den zu allgemein gefassten Begriff zu präzisieren, da er nicht beschreibe, in welcher Form sich die Religionen vermischen bzw. gegenseitig beeinflussen, vereinen oder eingliedern. Die Ausrichtung auf die "lokale Religionsgeschichte" hingegen berücksichtigt die regional (von der Schriftreligion) abweichenden Ausprägungen in ihrer Variante und unterstreicht die kulturspezifischen Ausformungen der religiösen (Lebens-)Praxis (Auffarth & Mohr 2000: 168, Rudolph 1992: 193, Stolz 1996: 15, Pye 2000: 416, Berner 2001: 143, Kippenberg 1995: 11 und Franke 2009: 13).

Daher könne der Islam nicht als ein in sich geschlossenes festes System interpretiert werden. Die positiv intendierte Bewertung des Islams führe unter anderem zu essentialistischen und universellen Annahmen und schließe andere Interpretationsrahmen aus. Beispielsweise verweist Heine auf "missionarische" Bemühungen von Seiten des Islams während der Verbreitungsphase und Hutter auf innerreligiöse Spannungen bezüglich ihrer unterschiedlich gewichteten Ausrichtungen im weiteren Verlauf der Religionsgeschichte des "peripheren" Islams (Heine 2000: 111). In Südostasien kam es im 16. Jahrhundert zu einer geistigen Umorientierung und damit zu einer stärkeren Ausrichtung auf den sogenannten "arabischen Islam" (Mekka und Medina wurden zu den zentralen Lehrstätten für die malaiische Bildungselite). Dies wirkte sich im 18. Jahrhundert auch auf die bis dahin mystisch-sufistische Ausrichtung aus und erzielte eine Umorientierung zu traditionelleren und "orthodoxen" Formen, wie man sie aus den arabischen Ländern kennenlernte. Hutter zufolge gab und gibt es nach wie vor Spannungen zwischen dem gemäßigten (Adat-)Islam, welcher sich mit lokalen hinduistischen Elementen vermischte, und denjenigen, die eine strengere Auslegung des Islams (und die Reinigung vom jawanischen "Synkretismus") anstrebten (Hutter [2]2006a: 103, Ende & Steinbach [5]2005: 284) Unter Adat verstehe man "an adoption of an Arabic word to refer to local systems of culture, law, and traditional usage" (Johns 2002: 181).

Wenn der Reiseführer LP gewöhnlich von "dem" Islam, "den" Muslimen und "der" islamischen Geschichte spricht, geht damit zwangsläufig die Reduzierung der Religion auf einzelne Elemente einher (z. B. die Beschränkung auf Mohammed, Koran, Allah, Fünf Säulen, Sunniten/Schiiten oder Kopftuch), die für die Religion als universell zu gelten haben.

Die religionshistorische Forschung ist sich mehrheitlich darüber einig, dass man von einer Vielfalt des Islams sprechen müsse. Die historische Nachzeichnung hat außerdem gezeigt, dass es sich hierbei um komplexe, ineinander verzweigte und unterschiedliche Ausprägungen handelt. Zahlreiche religiöse und kulturelle Sonderformen oder "Spielarten", wie sie Schreiner bezeichnet, lassen sich beschreiben. Einige Wissenschaftler plädieren für eine bewusste Wahrnehmung der Vielfalt und Verschiedenheit, sie warnen vor vereinfachten und reduzierenden Darstellungen (Schreiner 2001: 10). Dies bilde die Voraussetzung für politische, nicht zuletzt fundamentalistische Interessen und für negativ besetzte Stereotypisierungen. Die Folge dieser Reduzierung auf vereinfachte Grundmuster verschaffe nach Malik größere Angriffsflächen. Diese bilden nicht zuletzt die Voraussetzung für einen "Kampf der Kulturen" (in Bezug auf den von Huntington als "Clash of Civilization" (1993) beschriebenen Kampf zwischen verschiedenen, vor allem westlichen und asiatischen und islamischen Kulturkreisen). Es handelt sich bei Huntingtons These allerdings um einen eurozentrischen, konservativen Ansatz. Zu hinterfragen ist vor allem die Einteilung in die Kulturkreise, die sich letztendlich aus dem soeben angeführten essentialistischen Ansatz speist (Malik 2001: 19).

Die Aufzählung zahlreicher Elemente sagt wenig über religiöse Alltagspraxis und die gelebte Religion aus. Einige praxisorientierte Ansätze sind im LP bereits erfolgt, indem beispielsweise nähere Erläuterungen zum Pilgerprozess in Singapur angeführt oder ein entsprechender Zugang mit der deskriptiven Darstellung einer Moschee angedeutet wurde, welcher die Begegnung mit der gelebten Religion über die Akteure schafft (Oakley [7]2006: 61 und Wheeler [4]1991: 32). Bei der detaillierten Beschreibung einer Moschee wird besonders hervorgehoben, dass die Moscheen genügend Platz für ihre *Prayer* bieten sollten. Man solle sich unbedingt eine solche Moschee zu einem zeremoniellen Anlass ansehen, wobei gleichzeitig darauf hingewiesen wird, dass man keinesfalls während einer Gebetsphase hineingehen dürfe, da dies die Zeremonie stören würde. Schwierig für den Touristen ist zu erkennen, wann sein Besuch erwünscht ist und wann nicht. Wie soll er eine Gebetszeremonie, die fünf Mal am Tag stattfindet, von einer anderen Zeremonie unterscheiden können? Und was ist unter der sogenannten Zeremonie überhaupt zu verstehen? Darüber gibt der LP leider keine Auskunft. Hier muss man sich dann doch besser direkt an die religiösen Akteure vor Ort wenden.

7.3. Zum Hinduismus

Der Hinduismus wird in den verschiedenen Auflagen des LP ebenso vielseitig dargestellt: Dabei wurde der entsprechende Textteil seit der ersten Auflage übernommen und ständig ergänzt. Erst in der fünften Auflage schreiben die Autoren den Beitrag zum Hinduismus komplett neu. Ständig wird auf die Komplexität des Hinduismus hingewiesen und gleichzeitig versucht, die Religion auf eine zentrale Figur, und zwar auf die Gottheit *Brahma,* zu begrenzen (Turner & Wheeler 1991: 28). Die illustrative Darstellung diverser hinduistischer Gottheiten repräsentiere letzten Endes die "eine zentrale Gottheit" (Niven et al. [5]2000: 32). Aus religionswissenschaftlicher Perspektive sind hier mehrere Kritikpunkte zu äußern: (1) Die selten durchdachte einseitige theistische Gottesvorstellung wurde auch schon vom Indologen F. Max Müller 1860 als "Henotheismus" geprägt, was die Verehrung eines Gottes in einem "polytheistischen" Umfeld bezeichnet. Das scheint der LP zu übernehmen, doch wird eine solche Vorstellung nicht zuletzt auch von Michaels kritisiert (Michaels 1998: 10).

Insbesondere der sozio-kulturelle Kontext wird komplett vernachlässigt, wobei sich Michaels zufolge doch nur so die komplexe Gesellschaft und Kultur verstehen ließen. (2) Die Wahrnehmung des Hinduismus als eine einheitliche Größe oder als (Welt-)Religion ist nicht zuletzt ein westliches Produkt, wie bereits auch bei der Analyse der chinesischen Religion(en) veranschaulicht werden konnte, das bei der Suche nach einem begrifflichen Äquivalent zur eigenen, christlichen Religion und somit zu einer Fremdbezeichnung entstanden ist. (3) Die Autoren bedienen sich westlicher Beschreibungskategorien und Begriffen, die nicht selten christlich geprägt und eurozentrisch sind, wie etwa die Terminologien "Gott", "Polytheismus", "Monotheismus" oder der Begriff "Hinduismus" selbst. Dies prägt und verzerrt bei der Beschäftigung mit und erschwert die Annäherung an die "Fremdreligionen" (Ahn 1993, 1997 und [4]2002). Am Beispiel der Entstehung des Religionsbegriffs Hinduismus soll kurz erläutert werden, wie im Zuge der westlichen Konstruktion eine "Weltreligion" entstanden ist und wie sich eine solche Vorstellung schließlich im sozio-kulturellen Kontext in Südostasien einbringen und für eigene Zwecke legitimieren lässt.

Die Entdeckung einer Weltreligion in Indien – der Hinduismus

Im Zuge der "Entdeckung der Religionsgeschichte" (Kippenberg 1997) bei der Begegnung westlicher Forscher mit nichteuropäischen Kulturen ist es zu einer solchen Religionsbestimmung, die sich sprachlich an der anfänglich von den Persern gewählten Bezeichnung "Hindu" (Stietencron [2]2006: 7) für die am Indus-Fluss lebenden Inder orientierte, gekommen. Der Begriff Hinduismus diente zunächst als ein Sammelbegriff für die in Indien angenommene Vielfalt von religiösen Vorstellungen und Praktiken. Es kann allerdings weder von einer einheitlichen hinduistischen Religion die Rede sein noch von einer Religion als Terminus selbst ausgegangen werden. Dieser ist als europäische Konstruktion im Zuge westlicher Forschung übertragen worden. Nach King waren die wichtigsten Gründe hierfür die Textbezogenheit und Nostalgie des Ursprungs. Auch die Verwendung anderer Begriffe, wie "Dharma" (Zaehner) oder "Yoga" (Eliade), würden Michaels zufolge keine zufriedenstellende Lösung bieten. Denn *Dharma* wurde bislang hauptsächlich von intellektueller Oberschicht gebraucht und nur auf bestimmte Kreise geschlossen. Yoga – als "Zentrum indischer Geistigkeit" – wiederum sei als Begriff ungeeignet, da er sowohl im Buddhismus als auch im Jainismus auftauche und sich deshalb nicht als Ersatzbegriff für "Hinduismus" austauschen lasse. Eliade bezeichnet die Yogapraktik nicht zuletzt als archaisches Ritual, dass den Ureinwohnern Indiens zugeschrieben werden könne (King 2003: 62, Zaehner 1986: 12 und Eliade 2004 [1977]: 152).

Die Begriffsschöpfung wurde außerdem von theosophischem Interesse geleitet: Der Zugang zu dieser Religion erfolgte dabei über bestimmte Schriften, die von den westlichen Wissenschaftlern, Orientalisten und nicht zuletzt von Theosophen als sogenannte "Heilige Texte" ernannt und kanonisiert wurden. Die *Bhagavadgita* und die *Upanishaden* wurden zu den ältesten Schriften Indiens gezählt. Die *Bhagavadgita* gehört traditionell neben den *Upanishaden* und den Brahmasutra zu den drei klassischen Kommentar-Texten der Vedanta-Tradition, und sie wurde gleichzeitig von indischen Intellektuellen begeistert aufgenommen (Bergunder 2006: 187, Sharpe 1984: 47 in Bezug auf Blavatsky 1982 [1888]). Dabei fand die Auslegung unter den ersten Theosophen, wie etwa Row, Chatterjee oder Besant, je nach eigenem Interesse, Fragestellung und unterschiedlicher Schwerpunktsetzung statt.

Die Theosophische Gesellschaft (ThG) trug stark zur globalen Popularisierung dieser Schriften bei, indem sie diese als Trägerin der "Urweisheit" der Menschheit etikettierte und begann, diese im Original zu studieren, zu übersetzen und auszulegen. Die "hinduistische Religion" wurde somit allen anderen als kulturell überlegen gedeutet. Das hatte zur Folge, dass westliche Zuschreibungen von Seiten indischer Intellektueller akzeptiert, begeistert aufgenommen und für die eigenen Zwecke (vor allem im Kampf gegen die koloniale Besetzung) verwendet wurden. Diese dynamische Wechselbeziehung von Fremdbezeichnung, Aneignung, entsprechender Interpretation und Rückwurf wird wie bereits an mehreren anderen Beispielen im Text mit der Orientalismus-Debatte diskutiert (Said ³2003 und Schalk et al. 2003).

Die aktive Auseinandersetzung ließ sich wiederum gut in das zeitlich politische Geschehen, die Aufruhen, Reformbewegungen und den Widerstand gegen die koloniale Besatzung Indiens (Anfang bis Mitte des 20. Jahrhunderts), einbetten. Dass der Formierungsprozess nicht nur in Indien stattfand, sondern eine weitere Entwicklung in Übersee-Regionen stattgefunden hat, wird später an entsprechender Stelle noch näher erläutert. Das Vorhandensein von "uralten" Schriften, ein Aspekt, der nicht unwesentlich die Vorstellung und Definition von einer Weltreligion (Hutter ²2006a: 14 und Fitzgerald 1990: 101) und die ihr damit aufwertende Sonderstellung mitgeprägt hat, im Zuge der romantischen (nostalgischen) Suche nach dem "mystischen Ursprung" (Kippenberg & Stuckrad 2003: 46 und Bergunder 2005: 559), erweckte im gewissen Sinne ein universal ausgerichtetes Selbstverständnis eines Neo-Hinduismus, der schließlich von westlicher Seite entscheidende Anregung und Förderung erhielt.

Im LP werden, ähnlich wie am Beispiel Islam bereits ausführlich gezeigt werden konnte, zentrale für den Hinduismus geltende Elemente aufgelistet, dazu zählen (Schlüssel-)Begriffe wie *karma*, *dharma* (Ursache und Wirkung), *moksha*, Wiedergeburt und Kaste. Murken legte eine Studie über die Darstellung von Hinduismus in Schulbüchern vor und stellte bei seiner Analyse ähnliche Reduzierungen auf einzelne Elemente, wie die eben genannten, fest (Murken 1988: 84).

Die ständig im LP erwähnten und hervorgehobenen Feste des Hinduismus sind *Thaipusam* und *Deepavali*. Sie werden in Singapur öffentlich und groß gefeiert. Dabei wird diesen Festen im Ursprungsland Indien kein so großer Stellenwert eingeräumt. Sie dienen laut Hutter vor allem der öffentlichen Positionierung der in der Minderheit in Südostasien lebenden Hindus und der Demonstrierung ihrer aktiven Religionsausübung als Weltreligion. Erste geschichtliche Verbreitungsphasen indischer Gruppierungen lassen sich bereits im zweiten Jahrhundert u. Z. feststellen (Stahr 1997: 193). Ausschlaggebend jedoch waren vor allem die Ansiedlungen südindischer Tamilen im späten 18. Jahrhundert aufgrund wirtschaftlicher und politischer Interessen der britischen Kolonialherrschaft in Südostasien. Seit 1824 wurden Inder verstärkt als Arbeitskräfte in die 1819 neu gegründete Stadt Singapur gebracht (Baumann 2003: 123).

Ihre Minderheit in dieser Region stellte eine Herausforderung dar, die schließlich zu einer Befürwortung eines "gemeinsamen" Hinduismus von unterschiedlichen hinduistischen Gruppierungen führte. Diese "Internationalisierung" (Hutter 2006b: 94) war laut Hutter vor allem von drei Faktoren abhängig: (1) die Abtrennung zahlreicher Inder von ihrem Ursprungsland Indien (Diaspora-Hindus), (2) die notwendige Abgrenzung vor Ort von der Bevölkerungsmehrheit der Chinesen und Malaien und (3) die damit zusammenhängende Bewahrung der eigenen kulturellen und religiösen Identität. Ein bisher noch nicht genannter Faktor, die herausragende Stellung der CMIO auf Seiten der Tourismusindustrie (STP) Singapurs, trägt außerdem zum internationalisierenden Charakter des Hinduismus bei. Es ist bereits mehrmals der innerhinduistische Pluralismus angeklungen, der sich unter den in der Diaspora lebenden Indern durch Arbeitsplatz, sozialen Stand (Kaste) und durch seine unterschiedliche Religiosität bzw. Zugehörigkeit kenntlich machte (beispielsweise durch die anfangs noch unterschiedlichen (dörflichen und städtischen) Tempelkulte mit verschiedenen

Schwerpunktsetzungen). Dieser wurde allerdings seit den 1930ern allmählich aufgelöst.

Damit zusammenhängend formierte sich eine "Hindu Identität" (Stietencron 1995: 149), welche sich mit den politischen Unabhängigkeitsbewegungen in Indien und mit dem aufkommenden Nationalbewusstsein verbinden und legitimieren ließe. Der Prozess wirkte sich auch auf einige Tempel und Feste aus, indem zuvor lokale Gottheiten wie *Murugan* oder *Mariamman* neue (höhere) Positionierungen genossen und Feste wie das im LP erwähnte *Thaipusam* oder *Deepavali* einen überregionalen Stellenwert erhielten (Collins 1997: 11 und Hutter 2006b: 91). Das *Thaipusam*-Fest hat eine besondere Symbolkraft: Teilnehmer (Devotes) bohren sich symbolisch als Akt der Verehrung die Lanze *Murugans* durch Wangen und Ohrläppchen. Die Selbstdarstellung des überregionalen, "lebendigen" und "selbstbewussten" Hinduismus wird erreicht durch seine massive Präsenz und Auffälligkeit (etwa die rituellen Handlungen selbst) und wird somit Anziehungspunkt für zahlreiche Hindus, Chinesen, Malaien und Touristen (Tissen 2010: 8). Der jährliche Akt wird außerdem zu einer Demonstration einer umfassenden Hindu-Solidarität (zumindest während des Festes lösen sich Grenzen zwischen Nord- und Südindern oder einzelnen lokalen Gemeinden), der so im Ursprungsland Indien nur als eines der zahlreichen Tempelfeste und nur in sogenannten *Murugan*-Tempeln praktiziert wird, ohne dass dem Fest in Indien ein "besonderer Stellenwert" (Hutter 2006b: 91) zukomme.

Im LP werden *Thaipusam* und *Deepavali* immer wieder zu den wichtigsten Festen der Hindus gezählt: Sie werden aufgeführt im Abschnitt "Bräuche und Sitten", als Unterhaltungsfest im Kapitel "Entertainment" oder im Festtagskalender als "die interessantesten Feste" schlechthin betitelt. Auch der Stellenwert des *Deepavali*-Festes als Feiertag zeigt eine weitere Neuzentrierung: Er dient ebenfalls der hinduistischen Präsenz in der Öffentlichkeit. Unter den Tamilen in Indien wird dem Fest kein besonderer Platz im Festtagskalender eingeräumt (Hellander & Turner [4]1998: 38, 160, Oakley [7]2006: 9 und Hutter 2006b: 92).

Folglich zeigte sich auch der Trend zum "multi-shrine-temple". Die zusätzlich damit einhergehende Idee der Zugehörigkeit zu einer Weltreligion verstärke demnach die Vorstellung eines Hindu-Bewusstseins als einer "einheitlichen Größe". Eine interessante Korrelation zwischen dem universellen Hindu-Bewusstsein und der aufkommenden Aktivität zahlreicher neuer hinduistischer Strömungen stellen Hutter (für Malaysia), Pereira, Sebastian und Parameswaran (für Singapur) fest. Diese soll in dieser Studie jedoch nicht weiter ausgeführt werden, lediglich auf die angenommenen Wirkungen der Bewegungen auf den Gesamtkontext hingewiesen werden: Die missionarische Ausrichtung wie die der Bewegungen Ramakrishnan-Mission, *Divine Life Society, Sathya Sai Baba Movement* oder ISKCON werde von den Hindus selbst als positiv gewertet, da durch sie eine "Zunahme an religionsbezogenem Wissen" stattfinde, dadurch ein "erstarktes Selbstbewusstsein" zu verzeichnen sei, und dies mache die Minderheit der Hindus widerstandsfähiger. Dazu ist jedoch zu betonen, dass die Regierung Singapurs bis heute eine Etablierung diverser neuer religiöser Bewegungen, die mit einer notwendigen Registrierung erfolgen, zu unterbinden versucht und weiterhin streng gegen missionarische Tätigkeiten unter anderem mit Strafverfahren vorgeht (Sebastian & Parameswaran 2008: 65, Pereira 2008: 250 und Hutter 2006b: 94).

Mit der Erneuerung des Textes zum Hinduismus in der fünften Auflage des LP wird die Legende des verspielten *Ganesha*, welcher mit Süßem beschenkt werden sollte, erzählt. *Brahma,* der Schöpfer, wird beschrieben als der merkwürdige, ewig meditierende und zurückhaltende Welterschaffer. Hier geht vermutlich eine christlich geprägte Wertung einher, da die Vorstellung von *Brahma* als ruhender und zurückgezogener Schöpfer dem christlichen entgegengesetzt werden könne (Hanneder 2006: 233). Im Kontext der klassischen Mythologie, so Michaels, wird bestimmten Göttern ein größerer Anteil an der Schöpfung zugeschrieben. Es gäbe demzufolge zahlreiche Schöpfungsmythologien, wobei sich LP dazu entschlossen hat, die des einen Schöpfers (*Brahma*) aufzugreifen, was die anfänglich angedeutete (mono)theistische Gottesvorstellung unterstreicht (Michaels 1998: 329).

Das letzte Augenmerk bezüglich der Hinduismus-Darstellung im LP fällt auf den Verweis "Yoga" im Kapitel zu "Leisure Activities" in den neueren Auflagen. Yoga könnte nach Murken aufgrund seiner zunehmenden Verbreitung im Westen als ein sinnvoller Anknüpfungspunkt für die Darstellung und Begegnung mit gegenwärtigen hinduistischen Vorstellungen und Praktiken betrachtet werden. Er bezieht sich in diesem Zusammenhang jedoch auf den religionspädagogischen Versuch, Schülern eine Religion über das Schulbuch zu vermitteln, indem Yoga als Einstiegschance in eine "fremde Kultur" genutzt werden könnte (Murken: 1988: 106). Interessant ist in diesem Zusammenhang, dass der LP neben Angaben zu teuren Yogakursen einen Kurs in einem hinduistischen Tempel empfiehlt, zumal dieser kostenlos sei (der LP Spartipp lautet "hopping from school to school for the duration") (Oakley & Brown [8]2009: 158) und die Möglichkeit gäbe, mit hinduistischer Religion über die Praktik in Kontakt zu kommen. Dies würde im Sinne Murkens als ein solch gewünschter Ansatzpunkt dienen. Yoga wird dem Bereich Freizeit(-aktivitäten) zugeordnet. Seine Popularität werde (um die einleitenden Worte dieser Darstellung noch mal ins Gedächtnis zu rufen) vor allem damit begründet, dass die früher eher "steif wirkende" Gesellschaft neuerdings so "locker" rüberkäme:

> "Yoga has caught on a big way to Singapore—perhaps this accounts for the newfound mental flexibility of the denizens of the city-state once known for dogmatic stiffness" (Oakley & Brown [8]2009: 158).

Yoga werde demnach als ein Trend, eine Form von aktiver Freizeitgestaltung, Körperhaltung, Gesundheitspraktik bzw. Entspannungstechnik (etwa in Form von Gymnastik, Fitness und Wellness) oder Ähnlichem assoziiert oder gar darauf beschränkt. Hier wird Yoga als (westliche) Modeerscheinung, die sich seit etwa Ende des 19. Jahrhundert unter spezifischen Bedingungen als "moderner Yoga" etabliert hat, von LP übernommen (dazu mehr von Schäbele 2009: 58, Alter 2004: 13, Michelis 2005: 45, Strauss 2005: 25 und Singleton 2010: 7).

Der Yoga-Boom ist nicht nur in Singapur zu bemerken: Auch in Europa, Amerika und selbst im gegenwärtigen Indien ist eine stetig wachsende Popularität vor allem seit den 1960er Jahren zu beobachten. Fuchs deutet am Beispiel der Verbreitung des Yoga in Deutschland auf eine interessante kulturelle Begegnung zwischen "Ost" und "West" hin (Fuchs 2006: 163). Seine Abhandlung könnte Aufschluss über die in Singapur etablierte Yoga-Szene geben, denn er geht vor allem der Frage nach, was den modernen Yoga im Westen so beliebt macht. Die historische Skizzierung der westlichen Yoga-Rezeption seit den ersten Erwähnungen in Reiseberichten zeige vor allem auf, dass zur Verbreitung vor allem a) theosophische Vorstellungen und Ideen beigetragen haben, b) dieselben Ideen von indischen "Intellektuellen" (vor allem durch das Auftreten von Vivekananda) aufgenommen und im eigenen Land popularisiert und damit einhergehend c) der Schwerpunkt auf Körperübungen wie Konzentrations- und Meditationstechniken gelegt wurde. Wissenschaftliche Abhandlungen (etwa die zunehmende Anerkennung seiner Methoden vor allem im medizinischen und psychologischen Bereich) trugen ihr Weiteres zur Yoga-Rezeption im Westen bei (Michelis 2004: 252 und Alter 2004: 32). Einen gravierenden Einschnitt der neuzeitlichen Yoga-Rezeption brachte die Idee eines Selbststudiums des Yoga (im "Do-It-Yourself"-Verfahren) auf vor allem literarischem Wege, womit eine eigenständige Erlernung der Praktik ohne eine intensive Lehrer-Schüler-Beziehung ins Zentrum gerückt sei. Die literarischen Erzeugnisse waren von nun an der breiten Öffentlichkeit zugänglich, dessen Interesse an östlicher Kultur stetig wuchs. Dies sorgte auch für eine gewinnbringende Vermarktung sowohl im Westen als auch neuerdings im "Mutterland" selbst, als sogenannter "Re-Import". Die früher eher "reißerischen Ankündigungen, vollmundigen Versprechungen und dunklen Warnungen" (Fuchs 2006: 172) wurden ersetzt durch Versachlichung des Themas, Orientierung und Hinführung auf Funktionalität und gesundheitliche Wirkungen (Michelis 2004: 252 und Alter 2004: 32).

Auch Tendenzen aus den USA trugen zur Vielfalt und Erweiterung an neuen dynamischen Methoden des modernen Yogas im Westen bei (etwa Power-Yoga, Fitness-Yoga und Yoga-Gymnastik – sprich Yoga in Kombination zu anderen Körperpraktiken). Es wird mit Gesundheit, Lifestyle, Wohlgefühl und einem besseren Körperbewusstsein in Verbindung gebracht. Prominente praktizieren Yoga und Fitnessstudios bauen Yoga in ihr Sport- und Fitnessprogramm ein. Das gesellschaftliche Bedürfnis und das Streben nach einer "Ich-Stärkung" in Verbindung mit der körperlichen Verbesserung, wie es Fuchs et al. schließlich ausführen, beschränke sich demnach nicht nur auf westliche Länder, sondern könne als globale Erscheinung – und somit auch auf Singapur und dem von LP explizit hervorgehobenen "modernen Zeitgeist" – übertragen, erklärt und gedeutet werden.

Zusammenfassend lässt sich sagen, dass sich die in den einzelnen Auflagen wiederkehrenden Darstellungsmuster des Hinduismus auf einzelne und als zentral beschriebene Elemente konzentrieren, die vom Verlag ausgewählt und in entsprechenden Abschnitten hervorgehoben werden (Michelis 2004: 252 und Alter 2004: 32).

8. Fazit

In der Analyse des Reiseführers *Lonely Planet Singapore City Guide* konnte unter methodischer Anwendung der deskriptiven Inhaltsanalyse herausgearbeitet werden, wie Religionen in den einzelnen Auflagen dargestellt wurden. Die Untersuchung bezog sich auf die neun Auflagen des *City Guides* von 1991 bis 2012.

Die Darstellungen der Religionen (in Text und Bild) wurden im Hauptteil der Arbeit beschrieben. Die Betrachtung zu den Beschreibungsmustern hat darüber hinaus gezeigt, dass es sich explizit bei der Darstellung von *Chinese Religion, Islam* und *Hinduism* um sich wiederholende und insbesondere exotisierende und orientalisierende Beschreibungsmuster handelt, die nicht etwa zufällig, beliebig oder einmalig auftauchen, sondern über einen Zeitraum von etwa 20 Jahren wiederholt und bewusst verwendet, ausgebaut und präzisiert wurden. Dabei konnte verdeutlicht werden, dass es sich bei allen drei Darstellungen um reduktive, vereinfachte und teils irreführende Beschreibungen handelt, welche überwiegend als einheitlich, gleichförmig, pauschalisierend und zeitlos beschrieben werden. Anstatt von einer allmählichen "Entzauberung der Welt" zu sprechen, wie es Weber zu Beginn des 20. Jahrhunderts pflegte, könnte man meinen, die Welt werde in bestimmten Lebensbereichen wie etwa der Tourismusindustrie, veranschaulicht am Reiseführer, "wiederverzaubert". Dies konnte am *Lonely Planet Singapore* beispielhaft an entsprechenden Stellen verdeutlicht werden. Die religionswissenschaftliche Reflexion wies unterdessen auf die Vielfalt der religiösen Strukturen hin und lenkte somit den Blick auf die tatsächlich "gelebte" Religion. Damit konnte sie die anfänglich aufgegriffene Säkularisierungsannahme falsifizieren.

Die Analyse der Darstellungen von Singapurs Religionen im *Lonely Planet* konnte mit der Erschließung des vorangegangenen Kontextes, das heißt mit der Betrachtung zum historischen Hintergrund, der theoretischen Einordnung des Gegenstandes und mit der Vorüberlegung zur Wechselbeziehung von Religion und Tourismus, näher erläutert werden. Die Bezugnahme zur Entstehungsgeschichte Singapurs erklärt vor allem den Hintergrund für die Vielfalt seiner Bevölkerung und der damit einhergehenden restriktiven Regierungspolitik.

Die politisch ergriffenen Maßnahmen (unter anderem Strukturierung, Überwachung, Verbot und (Selbst-)Zensur) verdeutlichen die langjährige Bemühung der Aufrechterhaltung von "perfekter" sozialer Harmonie mit der stark ökonomischen Ausrichtung und dem damit intendierten Streben nach Wohlstand. Dabei wurde der Rückbezug auf die ethnische Einteilung in *Chinese, Malay, Indian & Other* (CMIO) deutlich, die vom progressiven Tourismusmanagement des *Singapore Tourism Board* (STB) als eine kulturelle Besonderheit beworben, finanziell unterstützt und in die Öffentlichkeit getragen wird.

War es anfangs insbesondere die ethnische Gruppierung, welche die Religionszugehörigkeit des Einzelnen ausmachte, sind es heute vor allem sozio-demografische Variablen, wie Bildung, Sprache, Geschlecht und Alter, welche die religiöse Zugehörigkeit (mit-)bestimmen. Die "Hauptreligionen" Singapurs (angelehnt an die CMIO) stellen darüber hinaus das touristische Potenzial für Singapur dar: Denn ohne eigene natürliche Ressourcen wird der Tourismus-Sektor zu einer wichtigen Einnahmequelle, weshalb verstärkt auf die kulturellen Besonderheiten zurückgegriffen wird (Leong 1997: 73).

Um die Korrelation zwischen Religion und Tourismus entsprechend typologisch zu verorten, wurde für die Arbeit der Ansatz von Stausberg herangezogen und auf seine Brauchbarkeit geprüft. Nachdem alle drei von ihm eingeteilten Typen kurz skizziert wurden, stellte sich heraus, dass neben (1) religiöser/spiritueller Tourismus und (2) Religionstourismus besonders seine letzte Kategorie (3), Religion im Tourismus, zur Analyse des Reiseführers instrumentalisiert werden kann (Stausberg 2010: 13). Während die erste Form hauptsächlich nach der (religiösen) Reisemotivation fragt, die zweite nach dem Reiseziel, wird bei der dritten Form auf die nicht primär religiös intendierte Begegnung mit Religion verwiesen. Stausberg charakterisiert Religionen dabei als "Marker" oder Attraktion (sakrale Bauwerke, Heiligtümer, religiöse Feste und Gruppen), die mehr als eine "Teilmenge öffentlicher und materieller Kultur" (Steinecke 2007: 109) ausmachen. Damit einhergehend reagieren religiöse Akteure und die Tourismusindustrie auf das Interesse an der singapurischen Kultur und den Religionen, wie an mehreren Stellen verdeutlicht werden konnte, indem sie Religion als "Ressource" und touristische Komponente, etwa zur positiven Selbstdarstellung, verwenden und entsprechend in die Vermarktungsstrategie umsetzen. Der Freizeitpark *Haw Par Villa* ist ein gutes Beispiel dafür, wie sowohl visuell als auch inhaltlich auf religiöse Motive der chinesischen Mythologie zurückgegriffen wird (Oakely & Brown [8]2009: 87, 96). Die religiöse Minderheit der Hindus widerlegt zudem die (Säkularisierungs-)Annahme, Religion werde im (oder durch) Tourismus aufgehoben. Wie die Betrachtung zu dieser "Weltreligion" zeigen konnte, trägt Tourismus eher zur Sichtbarkeit und öffentlichen Wahrnehmung des Hinduismus in Singapur bei (Hutter 2006b: 94 und Stausberg 2010: 177).

Als Vermittler von Kultur verhilft der Reiseführer, idealtypisch angenommen, zur Orientierung in der "Fremde". Des Weiteren wurde das theoretische Konzept Steineckes aufgegriffen, welches als weiterführender Ansatz die Kontroverse in der bisherigen Tourismusforschung überwinden soll. Die Skizzierung des gegenwärtigen Forschungsstands sowohl in der Tourismus- als auch in der Religionswissenschaft deutete auf das Desiderat der Forschung. Die Unterteilung des Reiseführers in die vier unterschiedlich gewichtigen Funktionen und seine Merkmale (Interpret, Wegweiser, Organisator und Animateur), welche darüber hinaus seine Verwendung vor, während und nach der Reise findet, spielt auf die Wichtigkeit und eine gewisse "Macht" des Reiseführers als touristisches Medium und Gebrauchsliteratur an (Steinecke 2007: 311 und Rotpart 1995: 180).

Am Beispiel der Untersuchung des *City Guide* zu Singapur und der darin enthaltenen Religionsdarstellungen konnten entsprechende Einflusssphären veranschaulicht werden: Bilder und Vorstellungen über die Religionen Singapurs werden aufgegriffen, konzipiert, bestätigt, aber auch entkräftet. Verhaltensstrukturen werden entworfen, Tourismusströme gesteuert und Blicke gelenkt, indem besonders Sehenswertes ausgewählt wird. Die Selektion führt ferner zur oben bereits erwähnten Komplexitätsreduktion. Außerdem zeigt sich unter Verwendung von Abbildungen religiöser Motive, die neben dem Text ihre eigenen Bedeutungen transportieren, die Verstärkung der wiederholenden, orientalisierenden und exotisierenden Darstellungsmuster (wobei Menschen größtenteils ignoriert oder im dekorativen Sinne abgebildet werden) (Lauterbach 1989: 207).

Religionen stellen einen wichtigen Bezugspunkt im Tourismus dar und werden als Kategorien verwendet (Kraft 2007: 230). Sie tauchen im Kapitel zu Kultur auf, dienen im Unterhaltungssegment, kommen als Form von Freizeitaktivität vor, werden mit Kulinarischem aufgegriffen oder markieren die wichtigen Sehenswürdigkeiten. Auch bei *Walking Touren* dienen sie als "Marker" oder werden als Geheimtipp für außergewöhnliche Erlebnisse empfohlen (Oakley & Brown [8]2009: 78, 87 und 94).

Die Rolle des Autors mit seiner "autoritären Stimme" wurde für die Untersuchung ebenfalls berücksichtigt: Es konnte unter anderem herausgearbeitet werden, dass seiner Ausdrucksform große Bedeutungskraft zukommt. Er gibt als Insider Qualitätskriterien vor, interpretiert, bewertet Sachverhalte und stellt sie, wie an mehreren Stellen der Analyse deutlich gemacht wurde, als Tatsache dar. Darüber hinaus werden selbst ernannte Experten hinzugezogen, um die Information als besonders gehaltvoll und zuverlässig erscheinen zu lassen. Der kurze Abriss zum Gründungsmythos des Verlags, die Verdeutlichung seiner "Philosophie" und der daraufhin verfolgten Strategie verweisen auf die Erfolgsgeschichte – vom Insiderverlag für *Backpacker* zum Agenda-Setter und globalem Verlagsriesen – und der heutigen Popularität, was unter anderem die Relevanz für seine Untersuchung in dieser Arbeit begründet (Kraft 2007: 233 und Spreitzhofer 2008: 147).

Neben Vermittlung und Orientierung rückt insbesondere das ökonomische profitgeleitete Interesse des Verlags und Autors in den Vordergrund der Betrachtung: Religionen dienen im Tourismussegment vor allem als kommerzielles Produkt. Sie werden stets der "reisefreudigen" Gesellschaft präsentiert, für sie aufgearbeitet und vermarktet, wie oben bereits mehrmals erklärt (Rotpart 1995: 146). Die hinter dem Reiseführer stehenden ökonomischen Überlegungen strukturieren darüber hinaus mittels Produktion, Verkauf und Nutzung die Begegnung mit Religionen aus anderen Kulturen. Dabei instrumentalisiert der LP die Religionen Singapurs (oder die religiösen Versatzstücke) als "kulturelle Besonderheit" für kommerzielle Zwecke, die besonders oft im Unterhaltungssegment untergebracht sind und erlebnisorientiert fungieren (Greenwood 1989: 171, Jacobs 2001: 310 und Rotpart 1995: 148).

Die Überlegung Einsteins zur "Vermarktung von Religion" hilft zum besseren Verständnis über die Anpassungsfähigkeit von Religionen auf dem sogenannten freien Markt des gegenwärtigen Zeitalters (Einstein 2008: 4). Besonders im Wandel der Medien verändern sich auch Religionen, weshalb es nicht verwundern sollte, wenn sie (die Religionen) in völlig neuartigen Segmenten auftauchen, moderne Muster aufgreifen oder unter Termini wie Religiosität oder Spiritualität geführt werden. Einstein argumentiert außerdem mit dem stärker erlebnis- und konsumorientierten Menschen der Moderne (Einstein 2008: 4) – was den Trend zu Spiritualität, welcher ab der neusten Auflage des LP deutlich zu verzeichnen ist, erklären ließe: Während die Religion (als Institution) mit Dogmen und Gesetzen verbunden werde, verstehe man unter Spiritualität (nach Bochinger 2009: 148) eine "Selbstermächtigung des religiösen Subjekts".

Baier verweist zudem auf den immer stärkeren Gebrauch des Begriffs Spiritualität als Sammelbegriff für mannigfaltige Formen praktizierter Religion im alltäglichen Sprachgebrauch, vor allem in der sogenannten "neureligiösen Szene". Die Abwendung von traditionellen Verhaltenserwartungen trägt unter anderem zur immer stärkeren Suche nach und Neuorientierung an individuellen Sinnstrukturen bei. Auch religiöse Orientierungen, so Baier, werden "zur Angelegenheit der Entscheidung des Einzelnen" (Baier 2006: 14 und 24 und Prohl 2004b: 49).

Im Vordergrund, so Prohl, stehe die individuelle Suche nach diesseitsbezogener "Heilung und Selbstoptimierung", welche gekoppelt sei an den Wunsch nach ganzheitlichem Wohlbefinden, Entspannung und Gesundheit, wobei das Vertrauen auf die eigene innere Kraft gerichtet sei (Prohl 2004b: 50 und Bochinger 2009: 148). Der Reisende, idealtypisch angenommen, sucht nicht nach einer festen Institution oder Organisation vor Ort, so eine mögliche Erklärung von Kraft, sondern er ist interessiert an der eigenen Selbstverwirklichung und an spontanen, individuell erfahrbaren Momenten (Kraft 2007: 238). Besonders östliche Religionen erfreuen sich derzeit außerordentlicher Beliebtheit. Importe aus anderen "exotischen Kulturen", so Stolz, würden verstärkt aufgegriffen und von westlicher Seite kompensiert. Dies erkläre den globalen Trend zur Spiritualität. Die Beliebtheit sei jedoch nur Projektionsvorgängen zu verdanken, welche sich aus den Defiziten der eigenen Kultur entwickelt hätten. Bedürfnisse und vorhandene Ressourcen vereinfachen zudem den "Fluß materieller und geistiger Güter" und begünstigen somit die kulturellen Austauschprozesse (Carrette & King 2005: 87 und Stolz 1996: 23).

Spreitzhofer beschreibt in seiner Untersuchung über Khao San und die *Backpacker* deren "fun-orientierten Lifestyle", der sich von der früher eher "anti-konsum orientierten Billigreise" abgewendet und zum persönlichen Selbstfindungstrip transformiert habe (Spreitzhofer 2008: 141). Anknüpfend an die Überlegungen Einsteins zum erlebnisorientierten Menschen – bzw. zur Erlebnisgesellschaft (nach Schulze, eine steigende Orientierung nach "Erlebnis" als Folge eines Übergangs von der Knappheits- zur Überflussgesellschaft) – ist eine stärkere Ausrichtung nach einem diesseitsorientierten und möglichst selbsterfüllten, lohnenden Leben erkennbar (Schulze 1992: 13 und Köck 2005: 8).

Reiseführer und die darin enthaltenen Darstellungen von Religionen übernehmen in dieser Hinsicht eine wichtige Funktion als sogenannte Interpreten, Wegweiser, Organisatoren oder Animateure auf dem konkurrenzfähigen freien Markt, indem erst durch sie das Erlebnis als eine außergewöhnliche Erfahrung etikettiert und als solche präsentiert wird. In der (Tourismus-)Forschung spricht man diesbezüglich auch von "Disneyfizierung" (Saretski 2005: 121, Roost 2000: 93 und Heelas 1998: 6) oder "Touristifizierung" (Chin 2008: 186, Klöck 2005: 11, Späth 2004: 4 und Wöhler 2002: 21) der Welt. So werden etwa religiöse Feste, sakrale Bauten oder ethnische Gruppen im *Lonely Planet Singapore City Guide* als besonders sehenswert hervorgehoben, Orte als spirituell etikettiert und weitere Sehnsüchte, Fantasien, Wünsche auf die Religionen Singapurs mit "Exotismus-Bonus" (Kuske & Czerny 1999: 619) für die erlebnis- und konsumorientierte Gesellschaft projiziert und dabei als kulturelle Besonderheit vermarktet.

9. Literatur

9.1. Primärliteratur

BAIN, Carolyn et al. (2007): Neuseeland, deutsche Ausgabe, Übersetzung der dreizehnten englischen Auflage, Ostfildern: Mairdumont.

CROWTHER, Geoff & WHEELER, Tony (1982): Malaysia, Singapore & Brunei – a travel survival kit, Victoria: Lonely Planet.

CROWTHER, Geoff & WHEELER, Tony ([2]1985): Malaysia, Singapore & Brunei – a travel survival kit, Victora: Lonely Planet.

CROWTHER, Geoff & WHEELER, Tony ([3]1988): Malaysia, Singapore & Brunei. A travel survival kit, Victoria: Lonely Planet.

HARPER, Damian & EIMER, David (2008): Shanghai City Guide, deutsche Ausgabe, Übersetzung der vierten englischen Auflage, Ostfildern: Mairdumont.

HELLANDER, Peter & TURNER, Peter ([4]1998): Singapore. A palm-size Package of South-East-Asia, Singapore: Lonely Planet.

LOW, Shawn & MCCROHAN, Daniel ([9]2012): Singapore City Guide, Victoria et al.: Lonely Planet.

MAXWELL, Virginia et al. (2006): Ägypten, deutsche Ausgabe, Übersetzung der achten englischen Auflage, Ostfildern: Mairdumont.

NIVEN, Christine et al. ([5]2000): Singapore. Chilli crabs and Chinatown, Melbourne et al.: Lonely Planet.

OAKLEY, Mat ([7]2006): Singapore City Guide, Melbourne et al.: Lonely Planet.

OAKLEY, Mat & BROWN, Joshua S. ([8]2009): Singapore. City Guide, Victoria et al.: Lonely Planet.

OAKLEY, Mat & BROWN, Joshua S. (2009): Singapur. Cityguide, deutsche Ausgabe, Übersetzung der achten englischen Auflage, Ostfildern: Mairdumont.

RICHMOND, Simon (⁶2003): Singapore. Breezy Shopping and Riverside Bar Hopping, Melbourne et al.: Lonely Planet.

SAINSBURY, Brendan (2007): Kuba, deutsche Ausgabe, Übersetzung der vierten englischen Auflage, Ostfildern: Mairdumont.

TURNER, Peter & WHEELER, Tony (1991): Singapore City Guide, Hawthorn et al.: Lonely Planet.

TURNER, Peter & WHEELER, Tony (²1994): Singapore City Guide, Hawthorn et al.: Lonely Planet.

TURNER, Peter & WHEELER, Tony (³1996): Singapore. A Lonely Planet City Guide, Hawthorn et al.: Lonely Planet.

WHEELER, Tony et al. (⁴1991): Malaysia, Singapore & Brunei. A travel survival kit, Hawthorn: Lonely Planet.

WHEELER, Tony & WHEELER, Maureen (2005): Unlikely Destination. The Lonely Planet Story. How two Backpackers trekked across Asia – and revolutionized the World of independent Travel, Singapur: Periplus.

WILLIAMS, China et al. (¹⁴2008): Southeast Asia on a Shoestring, Hawthorn et al.: Lonely Planet.

9.2. Sekundärliteratur

AHN, Gregor (1993): Monotheismus – Polytheismus. Grenzen und Möglichkeiten einer Klassifikation von Gottesvorstellungen, in: Manfred Dietrich & Oswald Loretz (Hg.): Mesopotamica – Ugaritica – Biblica. Festschrift für Kurt Bergerhof zur Vollendung seines 70. Lebensjahres am 7. Mai 1992 (= Alter Orient und Altes Testament, Bd. 232), Neukirchen-Vluyn: Neukirchner, S. 1-24.

AHN, Gregor (1997): Eurozentrismen als Erkenntnisbarrieren in der Religionswissenschaft, in: Zeitschrift für Religionswissenschaft, Jg. 5, Nr. 1, S. 41-58.

AHN, Gregor ([4]2002): Monotheismus und Polytheismus. I. Religionswissenschaftlich, in: Hans Dieter Betz et al. (Hg.): Religionen in Geschichte und Gegenwart. Handwörterbuch für Theologie und Religionswissenschaft, Bd. 5, Tübingen: Mohr Siebeck, S. 1457-1459.

AL-AZMEH, Aziz (1996): Die Islamisierung des Islam. Imaginäre Welten einer politischen Theologie, Frankfurt am Main: Campus.

ALTER, Joseph S. (2004): Yoga in Modern India. The Body between Science and Philosophy, Princeton/Oxford: Princeton Univ. Press.

ANNUAL REPORT ON TOURISM STATISTICS (2010): Eine regelmäßige Erhebung und dessen Publikation des *Singapore Tourism Board* (STB), verfügbar unter: https://app.stb.gov.sg/ asp/tou/tou03.asp, zuletzt eingesehen am 02.09.2013.

ATTESLANDER, Peter ([11]2006): Methoden der empirischen Sozialforschung, Berlin: Schmidt.

AUFFARTH, Christoph & MOHR, Hubert (2000): Religion, in: dies. & Jutta Bernard (Hg.): Metzler Lexikon Religion, Bd. 3, Stuttgart: Metzler, S. 160-172.

AZRA, Azyumardi (2005): Islamic Thought: Theory, Concepts and Doctrines in the Context of Southeast Asian Islam, in: K. S. Nathan & Mohammad Hashim Kamali (Hg.): Islam in Southeast Asia. Political, Social and Strategic Challenges for the 21st Century, Singapur: ISEAS, S. 3-21.

BACH, Gitta (1991): Zwischen Staatsideologie und Islam: Malaiische Medizin in Singapore (= Medizinkulturen im Vergleich, Bd. 1), Münster: LIT.

BADONE, Ellen & ROSEMANN, Sharon R. (Hg.) (2004): Intersecting Journeys. The Anthropology of Pilgrimage and Tourism, Chicago: Illinois Press.

BAIER, Karl (2006): Spiritualitätsforschung heute, in: ders. (Hg.): Handbuch Spiritualität. Zugänge – Tradition – Interreligiöse Prozesse, Darmstadt: WBG, S. 11-45.

BAUMANN, Martin ([2]1998): Qualitative Methoden in der Religionswissenschaft. Hinweise zur religionswissenschaftlichen Feldforschung, (= Religionen vor Ort – Religionswissenschaftliche Feldforschung, Bd. 1) Marburg: REMID.

BAUMANN, Martin (2003): Alte Götter in neuer Heimat. Religionswissenschaftliche Analyse zu Diaspora am Beispiel von Hindus auf Trinidad (= Religionswissenschaftliche Reihe, Bd. 18), Marburg: Dialog.

BERGER, Peter (1980): Der Zwang zur Häresie. Religion in der pluralistischen Gesellschaft, Frankfurt: S. Fischer.

BERGMANN, Werner (2000): Vorurteile/Stereotypen, in: Christoph Auffarth et al. (Hg.): Metzler Lexikon Religion, Bd. 3, S. 590-597.

BERGUNDER, Michael (2005): Das Streben nach Einheit von Wissenschaft und Religion. Zum Verständnis von Leben in der modernen Esoterik, in: Eilert Herms (Hg.): Leben. Verständnis. Wissenschaft. Technik, Gütersloh: Gütersloher Verlagshaus, S. 559-578.

BERGUNDER, Michael (2006): Die Bhagavadgita im 19. Jahrhundert. Hinduismus, Esoterik und Kolonialismus, in: ders. (Hg.): Westliche Formen des Hinduismus in Deutschland. Ein Überblick (= Neue Hallesche Berichte, Bd. 6), Halle: Francksche Stiftung, S. 187-216.

BERNARD, Jutta et al. (1994): Einleitung, in: Medienprojekt Tübinger Religionswissenschaft (Hg.): Der Islam in den Medien (= Studien zum Verstehen fremder Religionen, Bd. 7), Gütersloh: Gütersloher Verlagshaus, S. 11-14.

BERNER, Ulrich (2001): Synkretismus, in: Günter Kehrer et al. (Hg.): Handbuch religionswissenschaftlicher Grundbegriffe, Bd. 5, Stuttgart et al.: Kohlhammer, S. 143-152.

BHATTACHARRYYA, Deborah (1997): Mediating India. An Analysis of a Guidebook, in: Annals of Tourism Research, Nr. 24, S. 371-389.

BINDER, Jana (2004): Globality. Eine Ethnographie über Backpacker (= Forum Europäische Ethnologie, Bd. 7), Frankfurt am Main: LIT.

BLAVATSKY, Helena P. (1982) [1888]: Secret Doctrine. The Synthesis of Science, Religion, and Philosophy, Los Angeles: Theosophy Company.

BOCHINGER, Christoph (2009): Religion ohne Orthodoxie, in: ders. et al. (Hg.): Die unsichtbare Religion in der sichtbaren Religion – Formen spiritueller Orientierung in der religiösen Gegenwartskultur (= Religionswissenschaft heute, Bd. 3), Stuttgart: Kohlhammer, S. 145-162.

BROSIUS, Hans-Bernd et al. ([4]2008): Methoden der empirischen Kommunikationsforschung. Eine Einführung, Wiesbaden: VS.

Bruce, Steve (2002): God is Dead. Secularization in the west, Oxford: Wiley-Blackwell.

BURUMA, Ian (1992): Der Staub Gottes. Asiatische Nachforschungen, aus dem Englischen von Ulrich Enderwitz, Frankfurt am Main: Eichborn.

CARRETTE, Jeremy & KING, Richard (2005): Selling Spirituality. The Silent Takeover of Religion, London/New York: Routledge.

CENSUS OF POLULATION (2011): Department of Statistics for 2010, Republic of Singapore, unter: www.singstat.gov.sg, zuletzt eingesehen am 02.09.2013.

CHIN, Joy Tong Kooi (2008): McDonaldization and the Megachurches. A Case Study of City Harvest Church, Singapore, in: Pattana Kitiarsa (Hg.): Religious Commodifications in Asia. Marketing Gods, London/New York: Routledge, S. 186-204.

CHIN, Ung Ho (2000): The Chinese of South East Asia, London: Minority Rights Group.

CHONG, Alan (2001): Singapore Incorporated and the Fine City. Gains and Sacrifices in Image Building in Singapore's Foreign Policy of Economic Survival, in: ders. (Hg.): The Image, the State and International Relations, London: European Foreign Policy Unit, S. 27-38.

CHUA, Beng Huat (2000): Imaginierte Räume und *Kampung*-Nostalgie, in: Manfred Kieserling (Hg.): Singapur. Metropole im Wandel, Frankfurt am Main: Suhrkamp, S. 202-229.

CLAMMER, John (1998): Race and Sate in independent Singapore 1965-1990: The Cultural Politics of Pluralism in a Multiethnic Society, Aldershot et al.: Ashgate.

CLART, Philip (2009): Die Religionen Chinas (= Studium Religionen, Bd. 3260), Göttingen: UTB.

COHEN, Erik (1972): Nomads from Affluence. Notes on the Phenomenon of Drifter-Tourism, in: International Journal of Comparative Sociology, Bd. 14, S. 89-103.

COHEN, Erik (1985): The Tourist Guide. The Origins, Structure and Dynamics of a Role, in: Annals of Tourism Research, Nr. 12, S. 5-29.

COHEN, Erik (2004): Contemporary Tourism. Diversity and Change, Amsterdam: Elsevier.

COLLINS, Elisabeth F. (1997): Pierced by Murugan's Lance. Ritual, Power, and Moral Redemption among Malaysian Hindus, DeKalb: Northern Illinois Univ. Press.

DEEG, Max (2003): Wer eine kennt, kennt keine... – Zur Notwendigkeit der Unterscheidung von Orientalismen und Okzidentalismen in der asiatischen Religionsgeschichte, in: Peter Schalk et al. (Hg.): Religion im Spiegelkabinett. Asiatische Religionsgeschichte im Spannungsfeld zwischen Orientalismus und Okzidentalismus, Stockholm: Uppsala Univ., S. 27-62.

DIEKMANN, Andreas ([14]2005): Empirische Sozialforschung. Grundlagen, Methoden, Anwendungen, Reinbek bei Hamburg: Rowohlt.

EBERTZ, Michael N. (2012): Religiös auf Reisen – wohin? Der "Alte" und der "Neue Pilger", in: ders. (Hg.): Kirche am Weg – Kirche in Bewegung, Münster: LIT, S. 157-176.

EIKEMEIER, Dieter (1999): China/Japan/Korea, in: Christoph Auffarth et al. (Hg.): Metzler Lexikon Religion. Gegenwart – Alltag – Medien, Bd. 1, Stuttgart/Weimar: Metzler, 212-231.

EINSTEIN, Mara (2008): Brands of Faith. Marketing Religion in a Commercial Age, London/New York: Routledge.

ELIADE, Mircea (2004) [1977]: Yoga. Unsterblichkeit und Freiheit, aus dem Französischen von Inge Köck, Frankfurt am Main/Leipzig: Insel Verlag.

ENDE, Werner & STEINBACH, Udo ([5]2005): Der Islam in der Gegenwart, München: Beck.

ENG, Lai Ah (2008): Conclusion: Some Remarks on Religious Diversity in Singapore, in: ders. (Hg.): Religious Diversity in Singapore, Singapur: ISEAS, S. 689-694.

FITZGERALD, Stephen (1972): China and the Overseas Chinese. A Study of Peking's changing Policy 1949-1970, Cambridge: University Press.

FITZGERALD, Timothy (1990): Hinduism and the 'World Religion' Fallacy, in: Religion, Bd. 20, Nr. 2, S. 101-118.

FRANKE, Edith (2006): Zwischen Integration und Konflikt. Religiöse Pluralität in Indonesien, dies. & Michael Pye (Hg.): Religionen nebeneinander. Modelle religiöser Vielfalt in Ost- und Südostasien (= Religiöse Gegenwart Asiens, Bd. 3), Berlin: LIT, S. 61-82.

FRANKE, Edith & PYE, Michael (2006): Religionen nebeneinander – Religionswissenschaftliche Perspektiven auf Modelle religiöser Pluralität, in: dies. (Hg.): Religionen nebeneinander. Modelle religiöser Vielfalt in Ost- und Südostasien, Berlin: LIT, S. 9-16.

FRANKE, Edith (2009): Kleines Fach – große Aufgaben. Der Beitrag der Religionswissenschaft zu aktuellen Debatten um religiöse Konfliktlagen, in: Manfred Hutter (Hg.): Religionswissenschaft im Kontext der Asienwissenschaften. 99 Jahre religionswissenschaftliche Lehre und Forschung in Bonn (= Religionen in der pluralen Welt. Religionswissenschaftliche Studien, Bd. 8), Berlin: LIT, S. 13-28.

FROST, Mark R. & BALASINGAMCHOW, Yu-Mei (2009): Singapore. A Bibliography, Singapur: Editions Didier Millet.

FRÜH, Werner ([6]2007): Inhaltsanalyse: Theorie und Praxis (= Medien- und Kommunikationswissenschaft, Psychologie, Soziologie, Bd. 2501), Konstanz: UVK.

FUCHS, Christian (2006): Yoga in Deutschland, in: Michael Bergunder (Hg.): Westliche Formen des Hinduismus in Deutschland. Eine Übersicht (= Neue Hallesche Berichte, Bd. 6), Halle: Francksche Stiftung, S. 163-186.

FUCHS, Cornelia (2007): BBC kauft Reise-Kultverlag, in: Stern Online, verfügbar unter: http://www.stern.de/wirtschaft/unternehmen/unterneh men/599923.html, zuletzt eingesehen am 26.07.2010.

GAMPER, Markus & REUTER, Julia (2012): Pilgern als spirituelle Selbstfindung oder religiöse Pflicht? Empirische Befunde zur Pilgerpraxis auf dem Jakobsweg, in: Anna Daniel et al. (Hg.): Doing Modernity – Doing Religion, Wiesbaden: VS, S. 207-231.

GAST-GAMPE, Martina (1993): Die Wirkung der Sympathie-Magazine, in: Heinz Hahn & Jürgen Kagelmann (Hg.): Tourismuspsychologie und Tourismussoziologie. Ein Handbuch zur Tourismuswissenschaft, München: Quintessenz, S. 596-599.

GEERTZ, Clifford (1976): The Religion of Java, Chicago et al.: Chicago Univ. Press.

GEERTZ, Clifford (1988): Religiöse Entwicklungen im Islam, beobachtet in Marokko und Indonesien, übersetzt von Brigitte Luchesi, Frankfurt am Main: Suhrkamp.

GENTZ, Joachim (2006): Die drei Lehren (*sanjiao*) Chinas in Konflikt und Harmonie, in: Edith Franke & Michael Pye (Hg.): Religionen nebeneinander. Modelle religiöser Vielfalt in Ost- und Südostasien, Berlin: LIT, S. 17-40.

GLADIGOW, Burkhard (1994): Vorwort, in: Medienprojekt Tübinger Religionswissenschaft (Hg.): Der Islam in den Medien (= Studien zum Verstehen fremder Religionen, Bd. 7), Gütersloh: Gütersloher Verlagshaus, S. 9-10.

GLASENAPP, Helmut von ([12]2001): Die fünf Weltreligionen. Brahmanismus, Buddhismus, Chinesischer Universalismus, Christentum, Islam, München: Dietrichs.

GOODMAN, Martin (1994): Mission and Conversion. Proselytizing in the Religious History of a Roman Empire, Oxford: Claredon.

GORSEMANN, Sabine (1995): Bildungsgut und touristische Gebrauchsanweisung. Produktion, Aufbau und Funktion von Reiseführern, Münster et al.: Waxmann.

GRABURN, Nelson H. (2001): Secular Ritual. A General Theory of Tourism, in: Maryann Brent & Valene L. Smith (Hg.): Hosts and Guests Revisited. Tourism in the 21th Century, New York: CCC, S. 42-50.

GREENWOOD, Davydd J. (1989): Culture by the Pound. An Anthropological Perspective on Tourism as Cultural Commoditization, in: Valene L. Smith (Hg.): Hosts and Guests. The Anthropology of Tourism, Philadelphia: Univ. Press, S. 171-186.

HABERMAS, Jürgen (2012): Nachmetaphysisches Denken II – Aufsätze und Repliken, Berlin: Suhrkamp.

HACHTMANN, Rüdiger (2007): Tourismusgeschichte, Göttingen: UTB.

HANNEDER, Jürgen (2006): Zur Darstellung des Hinduismus im Schulbuch, in: Michael Bergunder (Hg.): Westliche Formen des Hinduismus in Deutschland. Eine Übersicht (= Neue Hallesche Berichte, Bd. 6), Halle: Francksche Stiftung, S. 230-243.

HEELAS, Paul (1998): Introduction. On Differentiation and Dedifferentiation, in: ders. (Hg.): Religion, Modernity and Postmodernity, Oxford: Blackwell, S. 1-18.

HEGEL, Georg W. (1925): Vorlesungen über die Philosophie der Religion I (= Philosophische Bibliothek, Bd. 59), Leipzig: Meiner.

HEIDUK, Felix (2007): Politische und gesellschaftliche Islamisierungstendenzen in Südostasien: Indonesien und Malaysia im Vergleich, Berlin: SWP.

HEINE, Peter (2000): Allah und der Rest der Welt. Die politische Zukunft des Islams, Frankfurt am Main: Knecht.

HEINE, Peter (2009): Einführung in die Islamwissenschaft, Berlin: Akademie.

HENNIG, Christoph (1999): Reiselust. Touristen, Tourismus und Urlaubskultur, Frankfurt am Main: Suhrkamp.

HUTTER, Manfred (^{2}2006a): Die Weltreligionen, München: Beck.

HUTTER, Manfred (2006b): Hindus in der muslimisch geprägten Gesellschaft Malaysias, in: Edith Franke & Michael Pye (Hg.): Religionen nebeneinander. Modelle religiöser Vielfalt in Ost- und Südostasien (= Religiöse Gegenwart Asiens, Bd. 3), Berlin: LIT, S. 83-102.

INTER-RELIGIOUS ORGANISATION SINGAPORE (Hg.) (2007): Religious Customs & Practices in Singapore, Singapore, verfügbar unter: www.iro.org.sg, zuletzt eingesehen am 02.09.2013.

JACOBS, Claude F. (2001): Folk for Whom? Tourist Guidebooks, Local Color, and the Spiritual Churches of New Orleans, in: Journal of American Folklore, Bd. 114, Nr. 453, S. 309-330.

JAWORSKI, Rudolf et al. (2011): Der genormte Blick aufs Fremde: Reiseführer in und über Ostmitteleuropa, Wiesbaden: Harrassowitz.

JENSEN, Lionel M. (1997): Manufacturing Confucianism. Chinese Traditions and Universal Civilization, Durham: Duke.

JOHNS, A. H. (2002): Islam in Southeast Asia, in: Joseph M. Kitagawa (Hg.): The Religious Traditions of Asia. Religion, History and Culture, London/New York: Routledge, S. 165-191.

JORDAN, Rolf (2007): Singapur. Globale Stadt und autoritärer Staat, Bad Honnef: Horlemann.

KAUR, Arunajeet (2008): The Evolution of the Sikh Identity in Singapore, in: Lai Ah Eng (Hg.): Religious Diversity in Singapore, Singapur: ISEAS, S. 275-297.

KING, Richard (2003): Orientalism and Religion. Postcolonial Theory, India and "the Mystic East", London et al.: Routledge.

KIONG, Tong Chee (2008): Religious Trends and Issues in Singapore, in: Lai Ah Eng (Hg.): Religious Diversity in Singapore, Singapur: ISEAS, S. 28-54.

KIPPENBERG, Hans G. (1995): Einleitung: Lokale Religionsgeschichte von Schriftreligionen. Beispiele für ein nützliches Konzept, in: ders. & Brigitte Luchesi (Hg.): Lokale Religionsgeschichte, Marburg: Diagonal, S. 11-20.

KIPPENBERG, Hans G. (1997): Die Entdeckung der Religionsgeschichte. Religionswissenschaft und Moderne, München: Beck.

KIPPENBERG, Hans G. & STUCKRAD, Kocku von (2003): Einführung in die Religionswissenschaft. Gegenstände und Begriffe, München: Beck.

KLOPP, Helmut (1993): Tourismusökonomie, in: Heinz Hahn & Jürgen Kagelmann (Hg.): Tourismuspsychologie und Tourismussoziologie. Ein Handbuch zur Tourismuswissenschaft, München: Quintessenz, S. 44-50.

KLUVER, Randolph et al. (2008): The Internet and Religious Harmony in Singapore, in: Lai Ah Eng (Hg.): Religious Diversity in Singapore, Singapur: ISEAS, S. 434-458.

KNOBLAUCH, Hubert (2009): Populäre Religion. Auf dem Weg in eine spirituelle Gesellschaft, Frankfurt/New York: Campus.

KÖCK, Christoph (2005): Die Konstruktion der Erlebnisgesellschaft. Eine kurze Revision, in: Karlheinz Wöhler (Hg.): Erlebniswelten. Herstellung und Nutzung touristischer Welten (= Tourismus. Beiträge zu Wissenschaft und Praxis, Bd. 5), Münster: LIT, S. 3-16.

KOK, Lim Li ([3]2008): Pioneers of Singapore, Singapur: Asiapac.

KONG, Lily & YEOH, Brenda (2000): Identität und Geschichte in Stadtlandschaften: Staatliche Konstruktionen und alternative Deutungen, in: Manfred Kieserling (Hg.): Singapur. Metropole im Wandel, Frankfurt am Main: Suhrkamp, S. 130-157.

KRAFT, Siv Ellen (2007): Religion and Spirituality in Lonely Planet's India, in: Religion, Nr. 37, S. 230-242.

KRECH, Volkhard (2008): Zwischen hohem Engagement und Religion bei Gelegenheit: Die evangelischen Landeskirchen, in: Markus Hero et al. (Hg.): Religiöse Vielfalt in Nordrhein-Westfalen. Empirische Befunde und Perspektiven der Globalisierung vor Ort, Paderborn et al.: Schöningh, S. 67-83.

KRÄMER, Gudrun (2005): Geschichte des Islam, München: Beck.

KUAH, Khun Eng ([2]2009): State, Society, and Religious Engineering. Towards a Reformist Buddhism in Singapore, Singapur: ISEAS.

KUAH-PEARCE, Khun Eng (2008): Diversities and Unities. Toward a Reformist Buddhism in Singapore, in: Lai Ah Eng (Hg.): Religious Diversity in Singapore, Singapur: ISEAS, S. 195-214.

KÜNG, Hans (2010): Chinesische Religion. Ein Kurzfilm über: Singapur – Friedliches Multikulti, verfügbar unter: http://www.global-ethic-now.de/gen-deu/0b_weltethos-und-religionen/0b-03-01-chin-religion/0b-03-0100-chin-religion-video1.php, zuletzt eingesehen am: 02.09.2013.

KURZ, Isolde (2000): Vom Umgang mit dem anderen. Die Orientalismus-Debatte zwischen Alteritätsdiskurs und interkultureller Kommunikation (= Bibliotheca Academica. Sammlung interdisziplinärer Studien, Bd. 5), Würzburg: Ergon.

KUSKE, Silvia & CZERNY, Astrid (1999): Orientalismus/ Exotismus, in: Christoph Auffarth et al. (Hg.): Metzler Lexikon Religion. Gegenwart – Alltag – Medien, Bd. 2, Stuttgart/Weimar: Metzler, S. 616-619.

LAIDLAW, Jill A. (^{2}2007/8): Singapur, München: Dorling Kindersley.

LAUTERBACH, Burkhart (1989): Baedeker und andere Reiseführer. Eine Problemskizze, in: Zeitschrift für Volkskunde, Nr. 85, S. 206-233.

LAUTERBACH, Burkhart (1992): Thesen zur kulturwissenschaftlichen Reiseführer-Forschung, in: Dieter Kramer & Ronald Lutz (Hg.): Reisen und Alltag. Beiträge zur kulturwissenschaftlichen Tourismusforschung, Frankfurt am Main: Institut für Kulturanthropologie und Europäische Ethnologie, S. 55-70.

LEO, Juat Bei & CLAMMER, John (1983): Confucianism as Folk Religion in Singapore: A Note, in: Contributions to Southeast Asian Ethnography, Nr. 2, S. 175-182.

LEONG, Ho Khai (2003): Shared Responsibilities, Unshared Power. The Politics of Policy-Making in Singapore, London et al.: Eastern Universities Press.

LEONG, Laurence Wai-Teng (1997): Commodifying Ethnicity: State and Ethnic Tourism in Singapore, in: Michel Picard & Robert E. Wood (Hg.): Tourism, Ethnicity, and the State in Asian and Pacific Societies, Honolulu: University of Hawai'i Press, S. 71-98.

LEW, Alan A. (1991): Place Representation in Tourist Guidebooks. An Example from Singapore, in: Singapore Journal of Tropical Geography, Bd. 12, Nr. 2, S. 124-137.

LI, Wenchao (2000): Die christliche China-Mission im 17. Jahrhundert. Verständnis, Unverständnis, Missverständnis. Eine geistesgeschichtliche Studie zu Christentum, Buddhismus und Konfuzianismus, Stuttgart: Steiner.

LIEW, Ten Chin (2008): Religious Diversity, Toleration and interaction, in: Lai Ah Eng (Hg.): Religious Diversity in Singapore, Singapur: ISEAS, S. 557-570.

LIM, Jonathan (2005): Between Gods and Ghosts, Singapur: Marshall Cavendish.

LINDEMANN, Uwe (2007): Der Bazar als Gebilde des hochkapitalistischen Zeitalters. Über das Verhältnis von Orientalismus, Geschlechterpolitik, Konsum- und Modernekritik zwischen 1820 und 1900, in: Klaus M. Bogdal (Hg.): Orientdiskurse in der deutschen Literatur, Bielefeld: Aisthesis.

LONELY PLANET (2010a): deutsche Homepage, verfügbar unter: http://www.lonelyplanet.de/, zuletzt eingesehen am 02.09.2013.

LONELY PLANET (2010b): englische Homepage, verfügbar unter: http://www.lonelyplanet.com/, zuletzt eingesehen am: 02.09.2013.

Luckmann, Thomas (1991): Die unsichtbare Religion, Berlin: Suhrkamp.

MACCANNELL, Dean (1976): The Tourist. A new theory of the Leisure Class, London et al.: Macmillian.

MAHT, Karl-Heinz (1981): Die großen Religionen der Welt: Christentum, Judentum, Islam, Buddhismus, Hinduismus, Chinesischer Universalismus, Stuttgart et al.: Deutscher Bücherverband.

MALIK, Jamal (2001): Historische Entwicklung des Islam in Asien, in: Klaus H. Schreiner (Hg.): Islam in Asien, Bad Honnef: Horlemann, S. 18-29.

MAYRING, Philipp & HURST, Alfred (2005): Qualitative Inhaltsanalyse, in: Lothar Mikos & Claudia Wegener (Hg.): Qualitative Medienforschung. Ein Handbuch, Konstanz: UKV, S. 210-219.

MAYRING, Philipp ([9]2007): Qualitative Inhaltsanalyse. Grundlagen und Techniken, Weinheim/Basel: Beltz.

McGregor, Andrew (2000): Dynamic Texts and Tourist Gaze. Death, Bones and Buffalo, in: Annals of Tourism Research, Bd. 27, Nr. 1, S. 27-50.

Meisig, Konrad (Hg.) (2005): Chinesische Religion und Philosophie: Konfuzianismus, Mohismus, Daoismus, Buddhismus. Grundlagen und Einblicke, Wiesbaden: Harrassowitz.

Meuleman, Johan H. (2005): The History of Islam in Southeast Asia: Some Questions and Debates, in: K. S. Nathan & Mohammad Hashim Kamali (Hg.): Islam in Southeast Asia. Political, Social and Strategic Challenges for the 21st Century, Singapur: ISEAS, S. 22-44.

Michaels, Axel (1998): Der Hinduismus. Geschichte und Gegenwart, München: Beck.

Michelis, Elizabeth de (2005): A History of Modern Yoga. Patanjali and Western Esotericism, London: Continuum.

Miczek, Nadja (2013): Biografie, Ritual und Medien. Zu den diskursiven Konstruktionen gegenwärtiger Religiosität, Bielefeld: transcript.

Murken, Sebastian (1988): Gandhi und die Kuh. Die Darstellung des Hinduismus in deutschsprachigen Religionsbüchern. Eine kritische Analyse, Marburg: Diagonal.

Norris, Pippa & Inglehart, Ronald (^{2}2011): Sacred and Secular. Religion and Politics Worldwide, Cambridge: Cambridge University Press.

Pagenstecher, Cord (2003): Der bundesdeutsche Tourismus. Ansätze zu einer Visual History: Urlaubsprospekte, Reiseführer, Fotoalben 1950-1990 (= Studien zur Zeitgeschichte, Bd. 34), Hamburg: Kovač.

Pechlaner, Harald et al. (2012a): Kulturfaktor Spiritualität und Tourismus: Sinnorientierung als Strategie für Destinationen, Berlin: ESV.

Pechlaner, Harald et al. (2012b): Wirtschaftsfaktor Spiritualität und Tourismus: Ökonomisches Potential der Werte- und Sinnsuche, Berlin: ESV.

Pereira, Shane N. (2008): A New Religious Movement in Singapore: Syncretism and Variation in the Sathya Sai baba Movement, in: Asian Journal of Social Science, Nr. 36, S. 250-270.

PICHLER, Herbert (2006): Raumbilder und Routen. Zur Rolle der Reiseliteratur bei der Lenkung der Blicke und Schritte der Reisenden, in: Heidi Weinhäupl & Margit Wolfsberger (Hg.): Trauminseln? Tourismus und Alltag in "Urlaubsparadiesen", Wien: LIT, S. 181-232.

POCESKI, Mario (2009): Introducing Chinese Religions, London/New York: Routledge.

POLASCHEGG, Andrea (2005): Der andere Orientalismus. Regeln deutsch-morgenländischer Imagination im 19. Jahrhundert (= Quellen und Forschungen zur Literatur- und Kulturgeschichte, Bd. 35), Berlin/ New York: Gruyter.

POLLACK, Detlef (2008): Die Pluralisierung des Religiösen und ihre religiösen Konsequenzen, in: Karl Gabriel und Hans-Joachim Höhn (Hg.): Religion heute. Öffentlich und politisch. Provokationen, Kontroversen, Perspektiven, Paderborn et al.: Schöningh, S. 9-36.

PROHL, Inken (2003): Die Rache des Orientalismus – Selbstbehauptungsdiskurse im gegenwärtigen Japan, in: Peter Schalk et al. (Hg.): Religion im Spiegelkabinett. Asiatische Religionsgeschichte im Spannungsfeld zwischen Orientalismus und Okzidentalismus, Stockholm: Uppsala Univ., S. 195-218.

PROHL, Inken et al. (2004a): Vorwort, in: dies. et al. (Hg.): Gelebte Religionen. Untersuchungen zur sozialen Gestaltungskraft religiöser Vorstellungen und Praktiken in Geschichte und Gegenwart, Festschrift für Hartmut Zinser zum 60. Geburtstag, Würzburg: Königshausen & Neumann, S. 13-14.

PROHL, Inken (2004b): Der Geist weht, wo er will. Religiöse Phänomene gibt es überall, in: Maria Jepsen (Hg.): Evangelische Spiritualität heute. Mehr als ein Gefühl, Stuttgart: Kreuz, S. 47-54.

PUSCHMANN, Norbert (2012): Pilgern als Metapher moderner Religiosität, in: Patrick Heiser & Christian Kurrat (Hg.): Pilgern gestern und heute. Soziologische Beiträge zur religiösen Praxis auf dem Jakobsweg, Münster: LIT, S. 45-73.

PYE, Michael (2000): Synkretismus, in: Christoph Auffarth et al. (Hg.): Metzler Lexikon Religion. Gegenwart – Alltag – Medien, Bd. 3, Stuttgart/ Weimar: Metzler, S. 416-428.

PYE, Michael (2006): Die "Drei Lehren" und das Tauziehen der Religionen in chinesischen Tempeln Südostasiens, in: Edith Franke & Michael Pye (Hg.): Religionen nebeneinander. Modelle religiöser Vielfalt in Ost- und Südostasien (= Religiöse Gegenwart Asiens, Bd. 3), Berlin: LIT, S. 41-60.

REITER, Florian C. (2002): Religionen in China. Geschichte, Alltag, Kultur, München: Beck.

REUTER, Julia & GRAF, Veronika (2012): Spiritueller Tourismus auf dem Jakobsweg. Zwischen Sinnsuche und Kommerz, in: Patrick Heiser & Christian Kurrat (Hg.): Pilgern gestern und heute. Soziologische Beiträge zur religiösen Praxis auf dem Jakobsweg, Münster: LIT, S. 139-159.

RIESEBRODT, Martin (2000) Die Rückkehr der Religionen: Fundamentalismus und der "Kampf der Kulturen", München: Beck.

RINSCHEDE, Gisbert (1999): Religionsgeographie, Braunschweig: Westermann.

ROOST, Frank (2000): Die Disneyfizierung der Städte. Großprojekte der Entertainmentindustrie am Beispiel des New Yorker Times Square und der Siedlung Celebration in Florida (= Stadt, Raum und Gesellschaft, Bd. 13), Opladen: Leske und Budrich.

ROTPART, Michael (1995): Vom Alternativtourismus zum Hybridtourismus. Der postalternative Wandel im Individualtourismus und die Macht der Reisehandbücher im Dritte-Welt-Tourismus am Fallbeispiel der Philippinen (= Schriften der Johannes-Kepler-Universität, Bd. 7), Linz: Trauner.

RUDOLPH, Kurt (1992): Synkretismus, vom theologischen Scheltwort zum religionswissenschaftlichen Begriff, in: ders. (Hg.): Geschichte und Probleme der Religionswissenschaft, Leiden: Brill, S. 193-215.

SAGEMANN, Bernd (2008): Die Stadtstaaten Hongkong und Singapur in der Asienkrise. Entstehungsfaktoren und Krisenmanagement, Konsequenzen, Berlin: Köster.

SAID, Edward W. ([3]2003): Orientalism, reprinted with a preface, London: Penguin Books.

SARETSKI, Anja (2005): Die heimliche Disneyfizierung: Spanien erleben, in: Karlheinz Wöhler (Hg.): Erlebniswelten. Herstellung und Nutzung touristischer Welten (= Tourismus. Beiträge zu Wissenschaft und Praxis, Bd. 5), Münster: LIT, S. 121-136.

SCHIFFER, Sabine (2004): Die Darstellung des Islams in der Presse. Sprache, Bilder, Suggestionen. Eine Auswahl von Techniken und Beispielen, Erlangen-Nürnberg: Ergon.

SCHMIDT-GLINTZER, Helwig (2009): Wohlstand, Glück und langes Leben. Chinas Götter und die Ordnung im Reich der Mitte, Frankfurt am Main/Leipzig: VdR.

SCHMITT, Cosima (2003): Backpackers Bibel, in: Die Zeit Online, verfügbar unter: http://www.zeit.de/2003/43/Lonely_Planet, zuletzt eingesehen am 02.09.2013.

SCHNÄBELE, Verena (2009): Yogapraxis und Gesellschaft. Eine Analyse der Transformations- und Subjektivierungsprozesse durch die Körperpraxis des modernen Yoga (= Bewegungskultur, Bd. 6), Hamburg: Kovač.

SCHÖNEMANN, Nina (2009): Vergnügliches Streben nach diesseitigen Nutzen. Die Sieben Glücksgötter in Japan, Heidelberg: Unveröffentlichte Magisterarbeit.

SCHÖNEMANN, Nina (2011): Pilgerfahrten zu den sieben Glücksgöttern: Religiöse Praxis und "Materielle Religion" im gegenwärtigen Japan, in: Transformierte Buddhismen, Nr. 9, S. 79-99.

SCHREINER, Klaus H. (2001): Die Vielfalt des Islam, in: ders. (Hg.): Islam in Asien, Bad Honnef: Horlemann, S. 8-17.

SCHULZE, Gerard ([7]1997): Die Erlebnisgesellschaft. Kultursoziologie der Gegenwart, Frankfurt/New York: Campus.

SEBASTIAN, Rodney & PARAMESWARAN, Ashvin (2008): Hare Krishnas in Singapore: Agancy, State, and Hinduism, in: Journal Issues in Southeast Asia, Bd. 23, Nr. 1, S. 63-85.

SEIWERT, Hubert (1995): Orthodoxie und Heterodoxie im lokalen Kontext Südchinas, in: Hans G. Kippenberg und Brigitte Luchesi (Hg.): Lokale Religionsgeschichte, Marburg: Diagonal, S. 145-158.

SERRIE, Hendrick & HSU, Francis (1998): The Overseas Chinese: Common Denominators of a Changing Ethnicity, in: dies. (Hg.): The Overseas Chinese, Ethnicity in National Context, Boston: University Press, S. 1-12.

SHARPE, Eric J. (1984): The early Theosophists and the Interpretation of the Bhagavadgita, in: The Journal of Studies in the Bhagavadgita, Nr. 4, S. 47-67.

SIEBENACHER, Silke (2005): Reiseliteratur als Wegweiser in die Fremde? Der Wandel in der Darstellung Mexikos am Beispiel des Reisemagazins MERIAN, Berlin: unveröffentlichte Magisterarbeit.

SIEGENTHALER, Peter (2002): Hiroshima and Nagasaki in Japanese Guidebooks, in: Annals of Tourism Research, Bd. 29, Nr. 4, S. 1111-1137.

SINGAPORE GOVERNMENT (2010): Homepage der Regierung Singapurs, verfügbar unter: www.gov.sg, zuletzt eingesehen am 02.09.2013.

SINGLETON, Mark (2010): Yoga Body. The Origins of Modern Posture Practice, Oxford: Oxford Univ. Press.

SINHA, Vineeta (2005): Theorizing 'Talk' about 'Religious Pluralism' and 'Religious Harmony' in Singapore, in: Journal of Contemporary Religion, Bd. 20, Nr. 1, S. 25-40.

SINHA, Vineeta (2008): Merchandizing Hinduism. Commodities, Markets and Possibilities for Enchantment, in: Pattana Kitiarsa (Hg.): Religious Commodifications in Asia. Marketing Gods, London/New York: Routledge, S. 169-185.

SOMAIAH, Rosemarie & XINYAN, Zhuang ([5]2008): Gateaway to Singapore Culture, Singapur: Asiapac.

SPÄTH, Christopher (2004): Touristifizierung und touristische Erlebniswelten am Beispiel Dubais, Norderstedt: GRIN.

SPREITZHOFER, Günter (1995): Tourismus Dritte Welt. Brennpunkt Südostasien: Alternativtourismus als Motor für Massentourismus und soziokulturellen Wandel (= Europäische Hochschulschriften, Bd. 16), Frankfurt et al.: Lang.

SPREITZHOFER, Günter (2008): Zwischen Khao San und Lonely Planet. Aspekte der postmodernen Backpacking-Identität in Südostasien, in: ASEAS, Bd. 1, Nr. 2, S. 140-161.

STAHR, Volker S. (1997): Südostasien und der Islam. Kulturraum zwischen Kommerz und Koran, Darmstadt: WBG.

STAUSBERG, Michael (2005): Zarathustra und seine Religion, München: Beck.

STAUSBERG, Michael (2008): Tourismus, in: Michael Klöcker und Udo Tworuschka (Hg.): Praktische Religionswissenschaft. Ein Handbuch für Studium und Beruf, Köln et al.: UTB, S. 189-206.

STAUSBERG, Michael (2010): Religion im modernen Tourismus, Berlin: VdR.

STAUSBERG, Michael (2011): Religion and Tourism: Crossroads, Destinations and Encounters, London/New York: Routledge.

STAUSBERG, Michael (2012): Religionswissenschaft: Profil eines Universitätsfachs im deutschsprachigen Raum, in: ders. (Hg.): Religionswissenschaft, Berlin/Boston: De Gruyter, S. 1-32.

STEINBAUER, Stephanie (2011): Wallfahrten als zeitgenössische Tourismusschiene, unveröffentlichte Diplomarbeit im Fachbereich Geowissenschaften: Wien.

STEINECKE, Albrecht (2000): Tourismus und neue Konsumkultur: Orientierungen – Schauplätze – Werthaltungen, in: ders. (Hg.): Erlebnis- und Konsumkultur, München/Wien: Oldenbourg, S. 11-27.

STEINECKE, Albrecht (2007): Kulturtourismus. Marktstrukturen, Fallstudien, Perspektiven, München et al.: Oldenbourg.

STIETENCRON, Heinrich von (1995): Die Entstehungsformen des Hinduismus, in: Dietmar Rothermund (Hg.): Indien, Kultur, Geschichte, Politik, Wirtschaft, Umwelt. Ein Handbuch, München: Beck, S. 143-166.

STIETENCRON, Heinrich von ([2]2006): Der Hinduismus, München: Beck.

STOLZ, Fritz (1996): Austauschprozesse zwischen religiösen Gemeinschaften und Symbolsystemen, in: Volker Drehsen (Hg.): Im Schmelztiegel der Religionen. Konturen des modernen Synkretismus, Gütersloh: Kaiser, S. 15-36.

STOLZ, Jörg et al. (2011): Religiosität in der modernen Welt – Bedingungen, Konstruktionen und sozialer Wandel, verfügbar unter: http//my.unil.c h/serval/document/BIB_6243763C8E0D.pdf (13.08.2013.)

STRATTON, Carol (2004): Buddhist Sculpture of Northern Thailand, Chiang Mai: Silkworm.

STRAUSS, Sarah (2005): Positioning Yoga. Balancing Acts Across Cultures, Oxford/New York: Berg.

STUKENBERG, Marla (1995): Die Sikhs. Religion, Politik, Geschichte, München: Beck.

SWATOS, William H. (Hg.) (2006): On the Road to Being There. Studies in Pilgrimage and Tourism in Late Modernity, Leiden/Boston: Brill.

TAN, Charlene (2008): Creating "Good Citizens" and Maintaining Religious Harmony in Singapore, in: British Journal of Religious Education, Bd. 30, Nr. 2, S. 133-142.

TIMOTHY, Dallen J. & OLSEN, Daniel H. (Hg.) (2006): Tourism, Religion and Spiritual Journeys, London/New York: Routledge.

TIN, Tan Say et al. (2009): Economics in Public Policies. The Singapore Story, Singapur: MOE.

TISSEN, Regina (2010): Deutsche Gottheit auf Pulau Ubin, in: Impulse. The Magazine for the German-speaking Community in Singapore, Nr. 3, S. 8-9.

TISSEN, Regina (2010): Thaipusam: Das hinduistische Piercingfest, in: Impulse. The Magazine for the German-speaking Community in Singapore, Nr. 1, S. 8-11.

TÖDTER, Jens (2009): Die Regierung der People's Action Party in Singapur – zwischen Demokratie und Autokratie? Heidelberg: Unveröffentlichte Wissenschaftliche Abschlussarbeit (Erstes Staatsexamen).

TRAUTNER, Bernhard J. (2003): Zum 'peripheren' Islam in Südostasien, in: Aus Politik und Zeitgeschichte, Nr. 37, S. 32-40.

TRAWLOU, Penny (2002): Go Athens. A Journey to the Centre of the City, in: Simon Coleman & Mike Crang (Hg.): Tourism. Between Place and Performance, New York: Berghahn, S. 108-127.

TWORUSCHKA, Udo et al. (1988): Analyse der katholischen Religionsbücher zum Thema Islam (= Studien zur Internationalen Schulbuchforschung, Bd. 53) Braunschweig: Diesterweg.

URRY, John (1990): The Tourist Gaze. Leisure and Travel in Contemporary Societies, London et al.: Sage.

WANG, Robin (2003): Writings from the Pre-Qin Period through the Sing Dynasty, Indianapolis: Hackett.

WEBER, Max (1988) [1921]: Gesammelte Aufsätze zur Religionssoziologie I, Tübingen: Mohr.

WEBER, Max ([11]2011) [1919]: Wissenschaft als Beruf, Berlin: Duncker & Humblot.

WEGENER, Claudia (2005): Inhaltsanalyse, in: Lothar Mikos & dies. (Hg.): Qualitative Medienforschung. Ein Handbuch, Konstanz: UKV, S. 200-209.

WINKELMANN, Thomas (2005): "Bei uns können Sie Urlaub erleben". Über die Zusammenhänge zwischen den Erlebnisversprechungen der Fremdenverkehrswerbung und dem kollektiven Gedächtnis, dargestellt am Beispiel der Werbebroschüren über Skandinavien aus dem Jahr 2000, in: Karlheinz Wöhler (Hg.): Erlebniswelten. Herstellung und Nutzung touristischer Welten (= Tourismus. Beiträge zu Wissenschaft und Praxis, Bd. 5), Münster: LIT, S. 29-43.

WÖHLER, Karlheinz (2002): Kulturstadt versus Stadtkultur. Zur räumlichen Disneyfizierung des Alltagsfremden (= Materialien zur angewandten Tourismuswissenschaft, Bd. 38), Lüneburg: FW Univ.

WÖHLER, Karlheinz (2011): Pilgern und touristisches Reisen, in: ders. (Hg.): Touristifizierung von Räumen. Kulturwissenschaftliche und soziologische Studien zur Konstruktion von Räumen, Heidelberg: VS, S. 9-18.

WOLTER, Stefanie (2000): Die Vermarktung des Fremden. Exotismus und die Anfänge des Massenkonsums, Frankfurt am Main: Campus.

WYSTUB, Magda (2009): Kolonialismus – Rassismus – Ferntourismus. Eine kritische Analyse aktueller Reiseführer über Namibia (= Fremde Nähe. Beiträge zur interkulturellen Diskussion, Bd. 24), Berlin: LIT.

ZAEHNER, Robert C. (1986): Hinduismus. Seine Geschichte und seine Lehre, München: Goldmann.

ZINSER, Harmut (2010): Grundfragen der Religionswissenschaft, Paderborn et al.: Schöningh.

***ibidem*-Verlag**

Melchiorstr. 15

D-70439 Stuttgart

info@ibidem-verlag.de

www.ibidem-verlag.de
www.ibidem.eu
www.edition-noema.de
www.autorenbetreuung.de

Zeitfracht Medien GmbH
Ferdinand-Jühlke-Straße 7
99095 Erfurt, Deutschland
produktsicherheit@kolibri360.de